大数据时代的
高校英语教学转型新模式

曾幼冰　房志新　杨　晓 ◎ 著

吉林出版集团股份有限公司

图书在版编目（CIP）数据

大数据时代的高校英语教学转型新模式 / 曾幼冰，房志新，杨晓著. — 长春：吉林出版集团股份有限公司，2022.10

ISBN 978-7-5731-2478-4

Ⅰ. ①大… Ⅱ. ①曾… ②房… ③杨… Ⅲ. ①英语－教学模式－教学研究－高等学校 Ⅳ. ①H319.3

中国版本图书馆CIP数据核字（2022）第190322号

大数据时代的高校英语教学转型新模式

著　　者	曾幼冰　房志新　杨　晓
责任编辑	白聪响
封面设计	林　吉
开　　本	787mm×1092mm　　1/16
字　　数	220千
印　　张	10
版　　次	2022年10月第1版
印　　次	2022年10月第1次印刷
出版发行	吉林出版集团股份有限公司
电　　话	总编办：010-63109269
	发行部：010-63109269
印　　刷	廊坊市广阳区九州印刷厂

ISBN 978-7-5731-2478-4　　　　　　　　　定价：68.00元

版权所有　　侵权必究

前　言

　　随着信息全球化的发展，当下信息的交流、处理以及对信息的分析和共享已经进入大数据时代。大数据时代下，人们对数据的处理能力也有了极大的提高，这对于教育行业也具有极为重要的意义。翻转课堂、慕课以及微课等新的教育模式给高校英语教学带来了全新的模式，同时也给高校的教育教学改革带来了新的契机。本书在分析了大数据的特征之后，对其在高校英语教学模式的创新进行了探析。

　　大数据时代的到来改变了人们的生活方式，对于各行各业来说，都面临着一次巨大的机遇与挑战。从教育角度来讲，大数据时代条件下便利的信息获取渠道为教育改革带来了机遇，尤其是大数据带来的技术进步对于教育模式革新意义重大，但是，如何对大数据条件进行应用进而促进教育发展仍然需要学者的深入研究。高校英语教学作为高校教学的重点内容，也在大数据时代下开始突破传统的革新活动。

　　信息化教育的出现，顺应了教育行业的发展趋势，它能够在一定程度上突破传统教育思想的束缚，使英语教学内容获得相应的改观。英语教学与信息化技术的融合，可以显著提升英语教学质量和学生的学习效果，这体现了当前英语教学目标的要求。需要注意的是，信息化的运用在实际的英语教学实践活动中还存在一些问题，如软硬件平台的普及以及专业人员的配置，这些问题需要长期的实践和探索才能得到有效的解决。针对这一状况，本书借鉴和吸收了前人的研究成果，在此提出了一些独到的见解。

　　综上所述，大数据时代的到来为高校教育水平的提高带来了机遇，这就要求各个学科的教师都能够顺应大数据时代的变化及时更新教学理念，并在日常的教学工作中对大数据进行不断的实践，为促进国内素质教育改革与教学模式的不断完善做出贡献。

　　本书内容翔实，在写作过程中，查阅了大量的资料，在综合前人研究成果的基础上提出了独特性的见解，以期为英语教学提供一定的指导。但是，由于笔者能力有限，本书可能还存在很多疏漏，还望读者朋友批评指正。

目　录

第一章　英语教学 ... 1
第一节　英语教学内涵 ... 1
第二节　英语教学的理论基础 ... 3
第三节　英语教学的影响因素与原则 ... 9
第四节　传统英语教学中存在的问题 ... 17
第五节　英语教学改革的必要性 ... 20

第二章　大学英语教学方法 ... 29
第一节　大学英语教学方法创新 ... 29
第二节　隐喻识别与大学英语教学方法 ... 32
第三节　基于提升课堂学习效率的大学英语教学方法 ... 35
第四节　大学英语教学方法中的情境英语教学法 ... 38
第五节　构式语法与大学英语教学方法创新 ... 41
第六节　"互联网+"背景下的大学英语教学方法 ... 44
第七节　在创新创业背景下浅谈大学英语的教学方法 ... 46

第三章　大数据时代高校英语教学的理论研究 ... 49
第一节　大数据时代下高校英语教学改革 ... 49
第二节　大数据高校英语翻转课堂教学模式 ... 52
第三节　大数据高校英语空间教学行为优化 ... 56
第四节　大数据对高校英语教育教学的影响 ... 65
第五节　大数据时代高校英语数字化教学的转型 ... 68
第六节　大数据背景下英语教学的微传播 ... 72

第四章　信息化与英语教学资源建设 76
第一节　信息化教学资源 76
第二节　大数据分析与英语教学 83
第三节　网络资源与英语教学 89
第四节　英语网络教育资源建设 95

第五章　大数据时代高校英语教学转型新模式 103
第一节　大数据时代高校英语听力教学 103
第二节　大数据时代高校商务英语写作教学 106
第三节　大数据时代下的英语翻译教学 108
第四节　大数据时代高校英语报刊阅读教学 112
第五节　大数据背景下高校网络资源库的建设 118
第六节　大数据时代下的高校英语翻转课堂教学 121

第六章　高校英语教师的信息化教学能力研究 127
第一节　教师信息化教学能力概述 127
第二节　教师信息化教学能力构成 130
第三节　教师信息化教学能力的发展策略 135
第四节　信息技术与英语教学整合过程中的大学英语教师 143

参考文献 153

第一章 英语教学

第一节 英语教学内涵

作为我国高等教育的一个组成部分，大学英语教学在为社会培养高素质的综合型英语人才的过程中承担着极为重要的责任。随着社会的进步与时代的变化，大学英语教学的现状也不容乐观。因此，我们应该更多地关注大学英语教学的改革和长久的发展。不同的英语教学方法源于对语言教学的不同看法，以及对语言学习的不同理解。因此，为了更好地认识和理解英语教学，我们还要了解和学习一些影响英语教学的因素。

一、教学和英语教学

（一）教学的定义

在了解英语教学的内涵之前，首先需要对教学这一概念进行了解和掌握，由于对教学的关注点不同，不同学者对此的定义也有所差异。

学者胡春洞（1999）认为，"教学"应该包含两个层面的关系：①教与学是一种并列的关系；②教学是一种教授学习的使动关系。从两个角度出发，能够看出教学的辩证关系和双向关系。教与学是息息相关的，教应该以学为基础，从学的角度出发，并以学为目标。教的规律和学的规律在一定程度上是统一的。

《英汉双解·现代汉语词典》（2002）给出的教学的定义是：教师把知识、技能传授给学生的过程。该定义是一种狭义的理解，把"教学"当作一个术语来理解。

《朗文词典》（Longman Didionary of Conlemwrary English，2003）将 teaching 定义为：work，or profession of ateacher，也就是教书、教学的意思。此外，它还对 teachings 进行了阐述：that which are taught，esp.the moral，political religious beliefs taught by a person of historical importance，也就是"教导、学说、教义"的意思。可见，teaching 与 teachings 是两个完全不同的概念。但是，这两个定义都没有全面覆盖"教学"的真正含义。

综合上述，关于教学的定义，教学应该包含三层含义，即教学（teaching）；"教"与"学"（teaching and learning）；教如何学习（teaching how to Ieam）。

（二）英语教学的定义

由于英语是我国的第二外语，因此缺乏一定的语言使用环境与使用对象，这就给英语教学提出了难题；可以说，英语教学能够直接影响学习者的英语水平和语言运用能力。

英语教学是一种教育活动。对于教师而言，教学是引导学生学习的教育活动；而对学生来说，教学则是在教师引导下的学习活动，学生是否得到发展是教学能否实现其目标的关键。教学是一个师生互动的过程，是教师教和学生学，共同完成预定任务的双边统一的活动。具体来说，英语教学的内涵主要体现在以下几个方面。

1.英语教学是有目的的活动。英语教学的不同阶段有着不同的目标，而教学目标又具体分为不同的领域与层次。

2.英语教学带有系统性和计划性。这种系统性主要体现在其制定者主要为教育行政机构、教研部门和学校的教学管理者等。英语教学的计划性指的是对英语基础知识的计划性教学，如英语语音、词汇、语法、写作、阅读等具体知识和技能的传递。

3.英语教学需要采取合理的教学方法和教育技术。英语教学经过深厚的历史积淀，形成了大量有效的教学方法。现代科学技术，尤其是信息技术的发展，为英语教学提供了可以借助的多种教育技术。

综上所述，我们可以将英语教学的内涵概括为：教师依据一定的英语教学目的与教学目标，在有计划的系统性过程中，借助一定的方法和技术，以传授和掌握英语知识为基础，促进学生整体素质发展的教与学相统一的教育活动。

二、英语教学的本质

英语教学不仅仅是一种语言教学，同时也是一种文化教学，下面对这两个方面进行分析。

（一）英语教学是一种语言教学

英语是一种重要的国家交际语言，因此对其的教学便是一种语言教学。语言教学的目的是致力于培养学生使用语言的能力。对于中国人来说，英语作为第二语言，是一门外语，英语教学也就是外语教学。从人类外语教学的发展历史来看，外语教学离不开外语知识教学，以外语知识为基础的外语教学有利于学生运用外语能力的培养。因此，英语教学作为语言教学，其本质应该是培养学生综合运用英语的能力。

需要特别指出的是，一些以学习语言知识而进行专门研究的语言教学并不是以运用语言为目的的，因此对其的教学并不属于语言教学的范畴，如古希腊语的研究、古汉语的研究等。这些语言在当今社会几乎不再使用，因此这种语言学习需要和语言教学区分开。

（二）英语教学是一种文化教学

文化孕育语言，语言映衬文化，二者有着密不可分的联系。在进行英语教学的过程中，学习者不仅需要了解基本的语言知识，同时也需要培养和提高英语思维能力，从而便于日后的语言使用。从这个意义上来说，英语教学也是一种文化教学。

第二节 英语教学的理论基础

一、结构主义语言学

从 19 世纪末到 20 世纪中期，众多学者如帕西（Passy）、布龙菲尔德（Bloomfield）、斯威特（Sweet）、韩礼德（Halliday）等都对语言的结构进行了分析和研究，并提出了很多重要的观点。在众多研究中，美国和英国的语言学家对结构主义语言学的研究做出了重要的贡献。

（一）美国的结构主义语言学

美国结构主义语言学是从研究美洲印第安人口语语言开始的，由于印第安人的语言没有文字的形式，所以他们就想办法用语言符号（如国际音标）把自己口述的话如实地记录下来，然后对收集到的口语样本进行各种分析，研究它们的结构和特征。之后，美国结构主义语言学家用"描写"方法研究了英语及其他印欧系的语言。语言学家们认为语言可看作一个把意义编成语码的系统。这个系统主要由结构相关的成分构成，包括音位、词素、单词、结构和句型。一个语言系统主要包括音位系统、词素系统和句法系统三个方面。

1. 音位系统。在音位系统中，应该对音位、音位变体、音位组合的规则进行描述，还应该对连贯话语中的语音现象进行描述。

2. 词素系统。在词素系统中，应该对词素、词素变体、自由词素和黏着词素等成分和结构加以描述。

3. 句法系统。在句法系统中，应该对词的分类、短语分析、直接成分分析和句型的类型进行描述。

这些语言学家认为，口语是活的语言，所以语言是口语，不是书面语。学习语言首先应该学习口语，而学习口语就应该从学习某种语言的"当地人"所说的话开始。美国结构主义语言学家还发现语言有自己的独特结构，不同的语言有不同的音位系统、词素系统和句法系统。同样，不同的语言在音位系统、词素系统和句法系统中的成分、结构也有所不同。因此，学习语言还要注重其差异性。

鉴于语言的这种差异性特征，美国结构主义语言学家认为，学习外语语言还受母语的干扰和影响。学习外语需要克服因外语语言结构和母语结构上的差异而产生的困难和错误：如果母语结构和外语的结构是相同的，那么学习也不会产生困难和错误，也就不需要教师的教授，只要学生接触语言就可以了，因此，在外语教学中，教师应努力解决这两种问题。

（二）英国的结构主义语言学

英国语言学家在对语言结构尤其是句型结构的研究上取得了卓越的成效和显著的成果，对英国语言结构研究做出重要贡献的人物有帕尔默（H. Palmer）、霍恩比（A. S. Homby）等。这些语言学家从 20 世纪 20 年代开始共同分析、总结了主要的英语语法结构，把英语语法结构归纳成一定的句型。英国语言学家主要的研究成果可以从霍恩比所著的《牛津高级现代英语词典》（Oxford Advanced Learner's Dictionary of Current English）、《高级现代英语词典》（Advarwed Learner's Dictionary of Current English）等著作中看出来。霍恩比在其所著的《英语句型和惯用法》一书中归纳了很多英语句型，包括 25 种动词句型、5 种名词句型、3 种形容词句型。霍恩比还通过大量的实例说明这些句型的意义和句型与句型之间的转换性。例如，Most people considered him（to be）innocent 可转换为 Most people considered（that）he was innocent.

与美国结构主义语言学研究不同，英国结构主义语言学家的研究则更加强调语言结构和结构使用情景之间的关系。20 世纪 40 年代英国形成了结构主义伦敦学派，其代表人物有马林诺夫斯基（B. Malinowski）和弗斯（J.R.Firth）。马林诺夫斯基结合自己对南海岛屿居民文化的研究，得出了"南海岛屿居民的语言只有密切联系其文化才能理解"的结论。他将"语境"当作语言活动进行的自然环境。随后弗斯在马林诺夫斯基研究的基础上提出，"语言必须在不同的语境下对各个层面进行研究"的观点。弗斯还制定了描述"语境"的三个特点，即参与者的特点、相关目的、语言行为的效果。在弗斯的基础上，英国学者韩礼德又提出，语言的描述应该包括三个层面，包括实体、结构和语境。语言学研究对应以上三个层面的是语音和音系学的研究、语法和词汇的研究以及语义的研究。

二、二语习得理论

二语习得理论研究在 20 世纪 60 年代已经有所进展，但其真正成为一门独立的学科是在 20 世纪 70 年代，该理论的主要代表人物是美国学者克拉申（S. Krashen）。该理论主要由五个假设构成，即习得/学习假设（The Acquisition/Learning Hypothesis）、自然顺序假设（The Natural Order Hypothesis）、监控假设（The Monitor Hypothesis）、情感过滤假设（The Affective Fiber Hypothesis）和输入假设（The Input Hypothesis）。下面就对这五个假设进行具体介绍。

（一）习得/学习假设

克拉申认为，"学习"和"习得"不同。"学习"是学习者通过课堂学习等方式有意识地掌握语言语法规则的过程。语言学习与有意识的系统联系在一起，学习者是通过有意识地学习语言规则和改正语言错误去掌握外语的；而"习得"则是学习者在无意识的状态下掌握语言能力的过程。换言之，"习得"是指学习者在任何场合下都能够极为迅速、流利且灵活地运用这些规则进行交流。有意识的学习过程与无意识的习得过程是互相独立的。人们一般认为第一语言是习得的，而外语是学习的。但克拉申认为，外语也可以通过习得来获取；学习者可以在自然交际中使用语言来发展语言能力。而语言学习只能监控和修正语言，却不能发展交际能力，只有习得才能够发展交际能力。

（二）自然顺序假设

"自然顺序假设"是从普遍语法和过渡语理论的基础上发展起来的。该理论假设认为，人们对语言的自然习得是按自然顺序进行的。这里的"自然习得"，是指非正式的学习。无论语言学习者的文化背景有多大的不同，他们学习外语时的语法难点却是共同的。换言之，他们都有几乎相同的习得语法顺序。有实验证明，在将英语作为第二语言学习时，无论是儿童还是成年人，他们对进行时的掌握一般都早于对过去时的掌握，对名词复数的掌握早于对名词所有格的掌握。不过，克拉申认为，人们制订教学大纲时并不需要以自然顺序假说为依据。实际上，如果外语教学的目的是让学生习得某种语言能力，教师就完全可以不按任何语法顺序来进行教学。

（三）监控假设

监控假设反映了"语言习得"和"语言学习"之间的内在关系，说明了学习的作用。根据监控假设，语言习得与语言学习的作用是不同的。语言习得系统认为，潜意识的语言知识才是真正的语言能力；语言学得系统则认为，有意识的语言知识只在第二语言运用时起监控或编辑的作用。这种监控功能既可能发生在语言输出（说、写）前，也可能发生在语言输出后。但是，监控功能要想发挥作用还需满足以下三个条件。

1. 有充足的时间，语言使用者只有具有足够的时间才能有效地选择和运用语法规则。
2. 注意语言形式，语言使用者必须考虑语言的正确性。
3. 知道语言规则，语言使用者一定要具有所学语言的语法概念及语言规则知识。

这种监控作用在不同的语言交际活动中会产生不同的交际效果。在口头表达时，由于语言输出的速度相对较快，如果说话人在说话的时候过分考虑语法，企图不断地纠正自己的语法错误，说起话来就会结结巴巴，阻碍交际的顺利进行；而在书面表达时，由于语言输出的速度相对较慢，且受话人也更关注语言的形式，作者有足够的时间推敲词句、斟酌语法，因此交际效果就会好很多。

（四）情感过滤假设

"情感过滤假设"中的"情感"指的是学习者的动机、需求以及情感状态。这些情感因素对语言的输入具有调节功能，或促进语言输入，或阻碍语言输入，因而又被视为可调节的过滤器。过滤器对语言输入而言是必不可少的，只有通过过滤器，语言输入才能到达语言习得机制，从而为大脑所吸收。外语学习者对所学语言的情感是积极还是消极对语言输入的影响很大，积极的情感态度有助于更多地输入目的语，而消极的情感态度则会过滤掉很多的目的语。

（五）输入假设

输入假设是第二语言习得理论的核心。它与学习无关，但与习得相关。输入假设认为，语言使用能力不是教出来的，而是随着时间的推移，接触到理想的输入后自然而然形成的。由此可见，理想的输入对语言能力的形成具有重要意义。理想的输入应具备以下四个特点。

1. 足够的输入（i+1）。i+1是克拉申提出的著名公式，其中，"i"代表习得者现有的水平，"+1"表示语言材料应略高于习得者目前的语言水平。根据这一观点，人们无须故意输入i+1类的语言，而只要习得者能理解输入的材料，且达到了一定的量，就意味着他已经自动有了这种输入。

2. 可理解性。理想的输入意味着输入的语言必须可以理解，不可理解的输入对学习者不仅无用，还会损害学习者学习的积极性。尤其是对于语言初学者而言，听那些不理解的语言就相当于浪费时间。由此可见，可理解性的语言输入是语言习得的必要条件。

3. 既有趣，又有关联。输入的语言材料若具有一定的趣味性，且与习得者的生活有一定的关联，就会增加语言习得的效果。

4. 非语法程序安排。语言习得过程中，按语法程序安排的教学活动一方面存在量的不足，另一方面也是完全不必要的，重要的是要有足够的可理解输入。

三、输出假设

克拉申认为可理解的输入在第二语言习得中占据主导作用，而斯温（Swain）认为输出在第二语言习得（以下简称"二语习得"）中有着显著作用。斯温根据她的"沉浸式"

教学实验提出了输出假设。她认为语言输入是二语习得的必要条件，但不是充分条件；要使学习者达到较高的外语水平，除了靠可理解性输入，还要有可理解输出；学生需要被迫使用现有语言资源，对将要输出的语言进行构思，保证其更恰当、更准确，并能被听者理解。这样，既可以提高学习者语言使用的流利程度，又能使他们意识到自己在语言使用中存在的问题，因此，在外语教学课堂上，教师应该给学生足够的时间和机会使用语言，以提高学生语言使用的流利性和准确性。

四、社会语言学

社会语言学是一门新兴的语言学分支，主要研究语言的社会本质和差别以及影响它们的社会因素，由此可见，社会语言学将语言当作一种社会现象进行研究，并认为语言最本质的功能就是社会交际功能。美国社会语言学家海姆斯（D. H. Hymes）认为，儿童是在社会化的过程中自然而然地习得母语的。他们不仅能说出符合语法和本族习惯的句子，还能在一定的场合、情境中使用恰当的语言。另外，海姆斯还曾指出，"交际能力是运用语言进行社会交往的能力，既包括语言能力，也包括影响语言使用的社会文化意识能力；既包括言语行为的语法正确性，又包括言语行为的社交得体性"。这一理论即"交际能力"理论。

总的来说，社会语言学主要研究语言与文化、职业等之间的关系，以及对语言在不同的社会环境及条件下的应用。社会语言学认为，人们在表达同一思想内容时所使用的语言会因为种族、民族、性别、年龄、身份、经济地位、文化程度及场合等方面的不同而产生很大的差别。例如：

Come here, John.

对熟悉、亲近的人所说的话。

Come here please, Mr. Brown.

对年长的或不熟悉的人所说的话。

Would you please come this way, Mr. White?

在较隆重的正式场合或引导外宾时所说的话。

社会语言学的研究促使人们更加关注语言使用的得体性，同时也促使教育工作者更加重视培养学生得体地使用语言的能力。在此影响下，交际法应运而生。

五、比较语言学

比较语言学又称"历史比较语言学"。具体来说，比较语言学就是将相关的各种语言放在一起进行共时的比较，或对某一种语言历史发展的不同阶段进行历时的比较，目的在于找出不同语言之间以及相同语言的不同发展阶段之间在语音、词汇、语法上的对应关系和异同。简单来说，比较语言学着重研究两种语言（外语和母语）或同一语言的不同历史阶段的异同。利用比较语言学，人们一方面可以研究相关语言之间结构上的亲缘关系，找出它们的共同母语，或了解各语言自身的特点，以指导语言教学；另一方面，人们也可以找出语言发展和变化的轨迹以及导致这些发展、变化的原因。19世纪，比较语言学的相关理论就被广泛应用于印欧语的语言研究，并取得了不小的成果。

比较语言学在英语教学中的应用体现在比较教学法上。教师通过比较英语与汉语两种语言可以发现英语的特点以及两种语言之间的差别，从而预测和分析学生在学习英语过程中可能会遇到的难点，并据此有针对性地确定教学内容、制订教学计划，从而向学生提供恰当的指导和帮助。

六、行为主义学习理论

20世纪初，美国心理学家华生（John B.Watson）创立了行为主义学习理论。行为主义者认为，学习是刺激与反应之间的联结，他们的基本假设是：行为是学习者对环境刺激所做出的反应。他们把环境看成是刺激，把随之的有机体行为看作是反应，认为所有行为都是习得的。行为主义学习理论的主要代表人物有赫尔（Clark Leonard Hull）、桑代克（E.L Thomdike）、斯金纳（Skinna）等。在他们的影响下，行为主义学习理论在美国占据主导地位长达半个世纪之久；斯金纳更是将行为主义学习理论推向了高峰，其著作《言语行为》的出版，标志着行为主义在语言教学理论中统治地位的确立。下面就具体介绍华生和斯金纳的理论。

（一）华生经典行为主义理论

华生把有机体应对环境的一切活动称为行为，行为的基本成分是反应，反应分为习得的反应和非习得的反应。前者包括我们的一切复杂习惯和一切条件反射，后者则指我们在条件反射和习惯形成之前的婴儿期所做的一切反应。他把引发有机体反应的外部和内部的变化称为刺激，而刺激必然属于物理的或化学的变化。任何复杂的环境变化，最终都将通过物理变化或化学变化转化为刺激从而作用于人的身上。换句话说，刺激和反应都属于物理变化或化学变化。由此便形成S-R（刺激—反应）公式，通过刺激可以预测反应，通过反应可以推测刺激。

华生认为学习就是以一种刺激替代另一种刺激建立条件反射的过程。在他看来，人类出生时只有寥寥数个反射和情绪反应，所有其他行为都是通过条件反射建立新的刺激—反应（S-R）联结而形成的。

华生主张心理学应该摒弃意识、意象等太多主观的东西，只研究所观察到的并能客观地加以测量的刺激和反应。无须理会其中的中间环节，华生称之为"黑箱作业"。他认为人类的行为都是后天习得的，环境决定了一个人的行为模式，无论是正常的行为还是病态的行为都是经过学习而获得的，也可以通过学习而改变、增加或消除，他认为查明了环境刺激与行为反应之间的规律性关系，就能根据刺激预知反应，或根据反应推断刺激，达到预测并控制动物和人的行为的目的。华生认为，行为就是有机体用以适应环境刺激的各种躯体反应的组合，有的表现在外表，有的隐藏在内部，在他眼里人和动物并无差异，都遵循同样的规律。

（二）斯金纳新行为主义理论

20世纪50年代，以斯金纳为代表的新行为主义者发展了行为主义的新观点。他把行为作为基本的研究对象，并把重点放在对行为的实验分析上。

斯金纳认为，人的言语行为像大多数其他行为一样，是一种操作性的行为，它通过各种强化手段而获得。他提出的"操作制约"（operant conditioning）观点是行为主义学习理论的一个重要组成要素。这一观点强调，可以将语言学习的过程看作一个不间断的操作（operant）过程，即做出动作，得到一个结果或一个目的，这一动作就被称之为"操作"。如果这一动作的结果是满意的，操作者就会重复"操作"，这时"操作"便得到"强化"。这也称为"正向强化"（positive reinforcement）。儿童的语言学习过程正是这样一个不间断的"操作"过程，使其语言行为逐步形成。

在某一语言环境中，他人的声音、手势、表情和动作等都可以成为强化的手段。例如，教师可以通过表扬、肯定、满意的表示使学生的某种言语行为得到强化。由于言语行为不断得到强化，学生就能逐渐形成语言习惯，并学会使用与其语言社区相适应的语言形式。如果没有得到强化，语言习惯就不能形成，语言是不能学习到的。在学习时，只有反应的"重复"出现，学习才能发生。因此，"重复"在学习中是相当重要的。

第三节　英语教学的影响因素与原则

一、英语教学的影响因素

（一）政策因素

所谓政策因素，指的是教育行政管理部门以社会、政治、经济等方面对人才的需求等制订的相关的外语教育政策。这些外语教育政策会对英语教学提出具体化目标，这些目标可以使教学活动更加具有针对性，提高人才培养的实用性和现实性。

影响英语教学的政策因素可以分为以下三个方面。

1. 英语教学是关系我国 21 世纪发展和人才培养的重要因素。英语教学对学生的整体素质、能力、知识结构等产生重要影响，且这些因素会对社会的发展产生间接的影响。

2. 国家政策不仅为英语教学制订相关的政策和目标，还对教师的工作进行监督、分析和评估。国家政策对于教师的工作热情和积极性具有重要影响，奖罚分明的制度能够有利于教师在自己的工作岗位上兢兢业业、刻苦钻研、勇于付出，为国家培养更多的优秀英语人才。

3. 学生的分配。政策所规定的学生获得的相关证书等都对其以后的毕业和工作产生重要影响。

（二）环境因素

环境因素对英语教学有着重要影响，英语教学的有效实施需要社会以及学校等各方面的紧密配合，社会以及学校的外部环境、教学设施以及相关因素的完善与否对大学英语的教学质量具有举足轻重的作用。

1. 社会环境

社会环境主要指经济发展状况、科学技术水平、人文精神、社会群体等对英语学习的态度以及社会对英语的需求程度等。社会因素是影响和制约外语教学的重要因素。外语教学中大纲的制订以及课程标准的设置都需要以符合社会对英语人才的需求等为依据。社会环境因素对教学具有导向作用，是英语教学向前发展的动力。

2. 学校环境

学校环境主要涉及班级的大小、教学设施、教学信息、教学资料、英语课外活动、校风班风和师生人际关系等。学校是为学生提供学习场所和学习手段的最佳环境，它对英语教学的影响更直接。学校的教学质量、管理水平以及各项硬件设施的完善与否对英语教学的成败起着关键性作用。

（1）教学设备

教学设备是学校教学的重要组成部分，学校教学设备包括很多方面，教室、图书馆、实验楼、办公楼、宿舍等都属于学校的教学设备。教学设备的完善程度直接影响着英语教学活动的开展，好的教学设施，如教学楼以及图书馆等都有助于增强学生的学习意识，一些语音教室和多媒体设备可以为学生的英语口语学习提供必要的技术支持，学生可以通过语音教室等提高自己的口语水平，这些设施也在一定程度上缓解了学生的学习疲劳，有助于激发其英语学习兴趣。总之，这些现代化的教学设备为英语教学提供了很好的环境。

（2）教学信息

现代化的教学设施不仅可以为学生提供一些学习的工具，还可以拓宽学生的信息渠道。学生的英语知识不仅可以通过教材和课本获得，还可以通过互联网等来获取。英语学习需要实践，只在课本中学习英语是不可能从根本上提高英语水平的，因此现代的信息网络技术为英语学习提供了很好的信息来源，使学生能够通过互联网等与外界的英语世界进行交流与学习。

（三）教师因素

教师是英语教学的重要因素，在英语教学中起主导作用。在英语课堂上，教师主要充当两种角色，即掌控者和引导者。作为一名合格的英语教师首先应该具有纯正的发音，所以教师可借助 VCD、广播以及多媒体等手段来弥补自己的不足，确保学生在课堂上所听的内容都是纯正的。同时，教师在讲解单词、句子、课文时，应该穿插一些解释，对难懂的词语要不断重复。

在多数英语课堂上，教师的讲话占据课堂时间的大部分。不可否认，教师的讲话有利于学生的语言习得，但也不能因此牺牲掉学生的练习时间。同时，教师还要注意不断变化教学形式，以增强课堂的趣味性。一个合格的英语教师还应具有一定的应变能力，能预测课堂活动中出现的状况，能很好地处理课堂上的突发事件，确保课堂活动的有序开展。

此外，教师应该随时调整自己的提问方式、语言运用、提供反馈的方式。在英语课堂中，提问是教师常用的一种教学手段。通过提问，可以有效激发学生的学习兴趣，促使学生积极思考，帮助教师分析某些知识结构。另外，语言运用的方式也很重要。为了让学生对所讲述知识有一个充分的了解，教师在教学中可以采用重复话语、降低语速、增加停顿、改变发音、调整措辞、简化语法规则、调整语篇等措施。

学生是英语教学的重要反馈者，同样，教师的反馈也是十分重要的。所谓提供反馈就是指教师为学生的学习情况提供反馈，教师的反馈可以是对学生话语的回答，如表示学生问答正确或错误、赞扬鼓励、扩展学生的答案、重复学生所答、总结学生回答、批评等。总之，教师的目的就是采用不同形式的教学方法，调动学生的积极性，扩展学生的知识面，培养学生的学习能力，提高整体教学效果。

（四）学生因素

1. 学生的角色

英语教学应面向全体学生，为学生全面和终身发展奠定基础，以学生的学习方式为核心，强调对学生学习愿望、学习习惯和学习能力的培养，倡导学生养成积极主动的学习方式，关注学生自我评价、评价激励、反馈和调整功能。教学中学生所扮演的角色主要有如下几个。

（1）主人

学生是学习的主体，也是教学活动的主体。学生对知识的探索、发现、吸收和内化等实践，不仅有助于学生逐步构建自己的知识体系，而且有助于学生形成科学的世界观、人生观和价值观。

（2）参与者

教师在英语教学中应激发学生的学习兴趣，激发学生的参与积极性，让学生乐在其中。在学习过程中，学生应充分思考，积极参与，表达观点，展示个人才能，保持浓厚的学习热情。

（3）合作者

英语学习是在师生、生生之间进行的，学习过程也是团队合作的过程。学生在学习中互相学习，彼此促进，共同提高。协商与互助使每个人都能感受到集体的力量和团队合作的精神。

（4）反馈者

在英语教学中，学生会根据自身的学习经历以及教学法的适用性向教师提出建议，协助教师就相关问题改进和完善教学内容和教学方法，以此促进英语教学。

2. 学生的个体差异

教育的根本目的在于培养人，这就要求教育者必须掌握学生生理、心理发展的规律和个体差异。学生的个体差异，尤其是学习动机、学习态度以及自身性格等方面的差异，使他们理解和掌握新知识的速度和程度不同。根据学生的个体差异制订教学计划，选择适合的教学材料和方法，具有重要的教学实践意义。

（1）认知风格

认知风格是指人在信息加工（包括接受、储存、转化、提取和使用）过程中表现出来的认知组织和认知功能方面持久一贯的风格，既包括个体知觉、记忆、思维等认知过程方面的差异，又包括个体态度、动机等人格形成和认知功能与认知能力方面的差异。不同的学习个体，其认知风格也有所不同，并且不同认知风格具有不同的优势和劣势，但是，这并不代表学生的学习成绩有差别。不同的学生有各自偏爱的信息加工方式，在学习不同材料时也会各有所长。不过，当学生的认知风格与教师的教学风格以及学习环境中的其他因素相吻合时，学生的学习成绩会更好。认知风格对学生选择学习策略和教学策略也有影响。所以，教师在英语教学中应该了解并尊重学生不同的认知类型，针对不同的学习任务、学习环境因材施教，妥善引导，将自己的教学特点与学生的需要联系起来，进而取得良好的教学效果。

（2）语言潜能

语言潜能是指学习外语所需的认知素质，或者说是学习外语的能力倾向，即一种固定的天资。努力提高学生的外语素质就是要培养学生的综合语言运用能力，而语言潜能正是就学生的认知素质来预测其学习外语的潜在能力。不同的学生，其语言潜能也存在着一定的差异。在英语教学过程中，教师应了解学生的语言潜能，进而因材施教，使学生针对不同的学习任务在不同场合发挥各自的优势，以收到事半功倍的教学效果。

（3）情感因素

学生在英语学习过程中受个人情感因素的影响，如性格、态度、学习动机等。其中，性格指一个人对现实的态度和行为方式表现得比较稳定但又可变的心理特征。性格不仅是学生的重要情感因素，而且是决定学生外语学习成功与否的关键因素之一。态度是个体对待他人或事物的稳定的心理倾向或为达到某种目的而做出的一定努力。态度一般包括认知成分、情感成分和意动成分三个方面。其中，认知成分是指对某一目标的信念，情感成分是指对某一目标的好恶程度，而意动成分则是指对某一目标的行动意向及实际行动。学习动机是指激发个体进行学习活动、维持已引起的学习活动，并使行为朝向一定的学习目标的一种内在过程或内部心理状态。学习动机是直接推动学生进行外语学习的内部动力，对外语学习成绩有着关键的影响。

二、英语教学的原则

（一）主体性原则

在课堂教学中，教师是主导者，学生是主体，二者相互协调、相互配合，教学质量才有保证。教师熟悉教学内容，了解有效的学习方法和学习途径。在教学过程中，教师必须以学生为中心来发挥自己的指导作用，为学生创造学习条件，随时给学生提供帮助，调动学生的学习积极性。总之，教师的一切教学工作都是围绕学生的需要而进行的。

教师的主导作用在于帮助学生加速学习进程。在学生遇到困难的时候，教师要及时给予帮助，使学生的困难得以及时解决；当学生面对困难不知所措时，教师要及时引导，使学生找到解决困难的办法；看到学生愿意接受学习任务且跃跃欲试时，教师应该给予学生更多的锻炼机会；看到学生的学习情绪不高时，教师要及时给予鼓励，提高学生的学习热情；看到学生在学习上取得成绩时，教师要及时提出更高的要求，使学生始终保有目标，继续努力。

要求教师以学生为中心，就是要求教师的心里要时刻装着学生，应把"教"建立在学生的"学"上，教学的一切工作环绕学生的学习进行。在备课、教课、批改作业时，教师都要考虑学生的心理和需要，注意学生的表情和反应，分析学生掌握的情况，安排和调整自己的教学方法和步骤以适应学生的需要。只有以学生为中心，才能让学生明确学习意义、学习内容和学习目标，才能使学生看到奋斗的目标，使学生看到已经取得的成就，在学习的道路上勇往直前。

（二）交际性原则

学习英语，目的在于用英语进行交际。使用英语进行交际是英语教学的中心问题，也是英语教师在工作中必须时刻注意和认真考虑的问题。英语教师在教学过程中，必须遵循交际性原则，这一原则具体包括以下几点。

英语教学的目的是培养学生使用英语这种交际工具的能力。要达到这一目的，教师不仅要把英语作为交际工具来教，还要引导学生把英语作为交际工具来学以致用，力争做到英语课堂教学交际化。在英语课堂上，教师不应仅仅讲授语言知识，学生也不应仅仅满足于听、记语言知识，教师要尽显利用教具创造适当情景，给学生提供将英语作为交际工具进行真实的练习机会，学生应该抓住练习机会，通过反复操练，培养用英语进行交际的能力。

课堂上教师要做到讲练结合、精讲多练。其中，讲是指讲授语言知识，练是指进行语言实践。虽然学生的语言能力是在实践练习中培养、提高的，但是适当地讲些语言知识，可以帮助学生自觉地进行练习，提高学习的效果。比如说教游泳，如果只讲授游泳理论却不进行实际练习，不可能教人学会游泳。但是经过讲授游泳的要点，可以让人们认识到学习游泳的正确方法，再经过大量练习，就可以让人们学得更快。英语课必须以语言实践为主，将绝大部分时间用于实践练习，但是也要花一定的时间讲授语言知识，不过值得注意的是，语言知识讲授从属于语言实践，其讲授的范围、深度、方法和时机都要由语言实践和教学的需要来决定。

教师应该注意，在英语教学里进行的语言操练并不等于语言交际。语言操练着眼于语言形式，使学生在语言操练中掌握语言形式；语言交际则着眼于语言内容，使双方相互了解。语言操练是培养学生用英语进行交际的必经过程。在教学中二者都非常重要，前者是后者的基础，两者缺一不可，有时两者之间没有明显的分界线。

英语课上的实践练习包括几类：机械练习、有意义的操练、交际性操练。机械练习，如句型操练；有意义的操练，如围绕课文进行模仿、问答、复述；交际性操练，如利用课文里的词句，叙述自己的想法等。教师教授新材料时，应该由易到难，逐层递进，先进行机械练习，再进行有意义的操练，最后再进行交际性操练。这几种练习一种比一种更接近语言交际，要求逐渐提高，体现出由操练到交际的学习进程，使学生最后能熟练运用所学的新材料进行交际。

教师应尽量使课堂练习接近语言交际，多给学生一些说话的机会，还应创造一定的情景，使学生体会在真实语境下进行的英语交际。另外，教师在组织教学、讲解知识、布置作业、对学生进行评价以及向学生解答疑难问题时，都可以用英语进行，让学生沉浸在全英文环境中，这样，学生运用英语的能力和习惯才能养成。

（三）兴趣原则

兴趣是最好的老师，在英语学习中尤其如此。因为中国学生学习英语大多都是在课堂上进行的，如果没有兴趣，无论教师教得多好，学生也不会有好的学习效果。可以说，英语学习的兴趣在很大程度上决定着英语学习的成功与否。学习者对英语学习的兴趣来自学习英语的目的、学习活动本身以及由此带来的自信心和成就感。具体来说，英语教师想要激发和培养学生学习英语的兴趣，可从以下几个方面做出努力。

1. 了解学生真正感兴趣的问题

教师在英语教学中要想激发学生学习英语的兴趣，可以采取注意发现和收集学生感兴趣的问题的做法，并把这些问题作为设计课堂教学活动的素材。例如，在英语教学初级阶段讲授英文字母时，可以编排英语字母体操来调动学生的兴趣；在教数字时，可以请学生收集自己家里所有的数字，这一活动与学生生活密切相关，学生会比较感兴趣，这样就能很好地调动学生。学习英语的兴趣，可以让一节枯燥的数字课上得热闹非凡。

2. 了解和鼓励学生的进步

善于发现学生的进步，多鼓励表扬，是培养学生学习兴趣的另一个方法，通过这种方式可以培养学生的自信心和成就感。对于学习者来说，学习的效果可以在很大程度上维持其学习兴趣，在英语教学中，教师通过奖品激励、任务激励、荣誉激励、信任激励和情感激励等多种方式，对学生所取得的进步给予鼓励，可以激发学生积极参与、大胆实践、体验成功的喜悦，这样学生的学习兴趣便在这种激励中逐步培养起来了。

3. 通过挖掘教材激发学生学习英语的兴趣

教材在英语教学中所处的地位举足轻重，教师要想最大限度地调动学生的积极性，可以在准备教学时认真研究教材，挖掘教材中的兴趣点，以改善教材的枯燥，保持每节课的新鲜感，保证教学的内容和活动能让学生感兴趣。

4. 改变传统的英语教学与评价方式

在英语教学中要避免太过强调死记硬背、机械操练。一定的死记硬背和机械操练活动在基础英语学习中不可缺少，只是一定要注意此类活动不宜太多，特别是在小学英语教学中。过多的机械性操练很容易导致教学的死板与乏味，使学生失去或降低对英语的学习兴趣。因此，在英语教学中应努力创设知识内容、技能实践和学习策略需要的情境，以开发学习者学习英语的思维，帮助他们加速英语知识的内化过程，使他们能够在英语交际实践中灵活运用听、说、读、写的知识与技能，最终使英语知识变为自己进行交际的工具。通过这种教学方式，学生不仅能够获得英语交际能力的提高，同时综合素质也会得到相应的提高，学生的学习兴趣也会因良好的学习效果得到巩固与加强。

此外，应试教育中传统的英语评价方式，对于学生学习英语的兴趣而言，在很大程度上有着消极或扼杀作用。要想避免这种消极影响，应逐渐改变评价方式。基础英语课程的评价应以形成性评价为主，采用的操作方式也应该是学生在平时教学活动中常见的，重视学生的态度、参与的积极性、努力的程度、交流的能力以及合作的精神等。除形成性评价外，针对学习者不同阶段的考试，可以一改往常笔试的形式，采用笔试与口试相结合的方式；这两种方式所考查的知识点不同，但把两者综合运用可以使教师比较全面地了解学生的英语学习。具体来说，笔试主要考查学生听和读的技能以及初步的写作能力，口试主要考查学生的实际语言应用能力。

（四）重视文化原则

学生学习英语不仅仅是学习单词及其语法，同时也是在学习语言文化。语言既是组成文化的一部分，也是文化的重要载体，因此文化教学理应成为语言教学的重要组成部分。重视文化原则需要教师做到以下两点。

1. 加强文化知识的传授，鼓励学生积极参与实践

教师在强调学生基础知识积累的同时，应该贯穿英语交际能力的培养，注意英语文化知识的传授。例如，在课堂上讲授有关文化的知识，鼓励学生利用课堂、课外进行练习和巩固，积极举办英语"沙龙"活动或进行英语演讲比赛、话剧表演、开展英语讲座、听报告、听广播、看录像等，培养学生在实际中运用语言的能力和技巧，提高学生的听、读、写、说能力，增强学生的知识积累。

2. 利用教材渗透多元文化，提高学生的英语文化水平

在教材的处理上，教师可以结合课本内容，不断拓展、引出相关的文化信息。词汇是语言中最活跃的成分，也是最大的文化载体之一。因此，在平时的教学中，教师应注意介绍英语词汇的文化意义。英语中有许多词汇来自神话、寓言、传说，或是与某些名著有关。了解这方面的文化知识，有助于学生对英语词语的理解和掌握。例如，在英语中 dog（狗）是人们生活中的重要伙伴，甚至有时直接泛指人。于是就有了"Every dog has his day"（凡人皆有得意日），"You are a lucky dog"（你是个幸运儿）。在汉语里，用狗比喻人多带贬义，如"癞皮狗""走狗""狗腿子"等。另外，由于环境、历史和文化的不同，在表示相似的比喻或象征意义时，英语和汉语会使用完全不同的颜色词，如 blue pictures（黄色电影）、green hand（没有经验的人）等。

在语法教学中，教师也可以结合多元文化进行讲授。教师可以通过适当的英汉语言对比，启发学生讨论，增强学生的学习兴趣，增加信息量，扩大知识面，帮助学生牢固地掌握英语语法，提高他们运用英语的能力。例如，在总结名词复数形式时，变化规则中以 s，x，sh，ch 等。结尾的名词，一般情况下在词尾加 es 构成，但是，由于英国多次受到外来种族的入侵，英语词汇中有很多外来词汇，某些外来词（tobacco，Piano 等）则在词尾加 s。

第四节 传统英语教学中存在的问题

一、词汇教学中的问题

（一）教学方法单一

词汇是学生在英语学习过程中最感头疼的部分。词汇的记忆和使用往往令学生感到枯燥、乏味。而综观我国的英语词汇教学可以发现，大部分教师依然采用传统的教学方法，即"老师领读—学生跟读—老师讲解重点词汇用法—学生读写记忆"，这种教学方法单调、乏味，学生处于被动的学习地位，这无疑加剧了学生对词汇学习的抵触情绪，词汇教与学的效果都会大打折扣。

面对上述问题，教师必须重视教学的改革，采用多样、有趣的词汇教学方法来调动学生的积极性，提高学生学习词汇的兴趣。例如，教师可以利用实物、多媒体等教具来呈现和讲解词汇，从而达到抓住学生的注意力，提高他们词汇学习的兴趣的效果。

（二）忽视学生的主体地位

随着英语教学的不断发展，越来越多的人认识到学生在英语学习中的主体地位。然而，这种主体地位在实际的英语教学中仍未得到很好的体现，词汇教学也不例外。词汇教学本应注重对学生智力的开发，重视对学生的观察力、记忆力、想象力、思维能力以及创造能力的培养。而现实状况却是"教师只顾教，忽视学生学"。教师大多采用填鸭式教学，将词汇的发音、意思、搭配等知识灌输给学生，要求学生死记硬背下来，而忽视了对学生主观能动性的激发。实际上，学生的词汇学习到达一定阶段后大多已经具备了一定的英语词汇基础，且有能力对相关的词汇规律进行归纳和总结。因此，教师不应继续"独揽新权"，而应发挥引导作用，使学生独立逐渐能够思考和总结、发现词汇规律、掌握词汇学习的方法，这样的词汇学习才能更加长久、有效。

（三）与实际生活联系不够

词汇教学方法的单一导致词汇的呈现、讲解大多局限在黑板和教师的口头讲述上，这也意味着其与实际生活的联系也十分微弱，而不能使词汇学习与学生的实际生活联系起来就难以引起学生的词汇学习兴趣，也无法因材施教。

为解决这一问题，教师就要将词汇教学和实际生活加以联系。例如，教师可将所授词汇放在一个真实的语境中来呈现或讲解，也可以适度扩展一些学生感兴趣的词汇。还可以补充一些和所教词汇相关的课外内容，并做适当的引申。学生只有认识到所学词汇的实用性，才会产生强烈的学习动机，词汇学习的效果才会更好。

二、英语技能教学的问题

（一）听力教学的问题

1. 教学模式机械化

听力教学的机械化表现为教学模式程式化，即大多数教师都采用"听录音—对答案—教师讲解"的模式开展听力教学。这种模式下的听力教学不仅缺乏对学生的有效监督，而且忽视了学生对于语篇的整体理解，只是毫无目标地、机械地播放录音，一遍不行就放第二遍、第三遍，教师盲目地教，学生盲目地听，而且听的时候也不认真，听完就等着对答案、听讲解，并没有强烈的学习动力。

2. 听力时间不足

听力水平的提高需要大量的练习做保障，但很多学生课下就将学习抛在脑后，很少主动练习听力，因此听力学习的时间主要集中在课堂上。然而，非英语专业的大学英语听力教学并未独立出来，而是和其他内容一起教授。但一节课的时间有限，而且也不可能全部用于听力，因此，学生能够听的时间其实很少。而听作为一种综合性技能，它的提高并非一朝一夕能够实现的，这就使学生的听力水平难以提高。

3. 教材现状不佳

教材对教学活动的组织安排具有很大的指导作用。好的听力教材不仅可以丰富学生的文化素质，还可以开阔学生的视野。而质量不佳的教材就会对教与学产生种种阻碍。我国很多高等院校使用的听力教材就存在内容陈旧、编排不合理等问题。这些教材既不能反映迅速变化的时代，也无法体现最新的教学思想和教学方法，因此也难以在听力教学中起到良好的辅助作用。

（二）口语教学的现状

1. 教学方法滞后

长期以来，我国的英语教学将大部分注意力都放在了语法和阅读教学上，这就导致教师对口语教学的关注不够，口语教学的方法也并未得到及时更新。"讲解—练习—运用"是我国大学英语口语教学的常用方法。这看起来并无不妥，但实际上却将学生置于被动的接受地位，学生在没有语境的情况下做大量机械的替换、造句等练习，根本无法有效地提高口头表达能力。

2. 课时不足

和听力教学一样，口语教学也并未被独立出来进行专门教授，这就意味着口语教学的时间很难得到保证。然而，口语能力的提高通常需要花费大量的时间，进行大量的实践，而教学时间的不足直接制约了教学效果的提高。

以高校使用的英语教材《新编实用英语综合教程》为例，该教材主要包括五项内容：听、说、读、写、译。每个班级若按45人计算，加上学生参差不齐的英语水平，那么即使分配给口语课两个小时，每名学生接受的训练也十分有限。因此可以说，教学时间的不足是英语口语教学的硬伤，直接导致了学生的口语能力低下。

（三）写作教学的问题

1. 重模仿，轻创作

大学英语写作教学中最显著的问题就是重模仿、轻创作。尽管模仿是写作教学的起始状态，也是学习写作的必经阶段，对英语写作具有很好的促进作用，但模仿却并非写作的最终状态。它虽然能够提高学生写作学习的效率，但过度的模仿并不利于学生写作能力的培养。写作是一种创造过程，从构思、行文到修改，无不体现着作者独特的个性，渗透着作者的思想。因此，写作的意义和价值是由作者创造出来的，盲目地模仿不仅会使作文千篇一律，丧失个性，同时也会阻碍学生创造力的发挥，影响学生对写作学习的兴趣与热情。

2. 缺乏相关的教材

就市场上现存的大学英语教材来看，大部分都是集语音、词汇、语法、听、说、读、写、译于一体的综合性教材，关于"写"的专门教材相对较少。即使是综合性教材，虽然几乎每个单元都会涉及写作的练习，但每个单元的写作练习却并未形成一定的系统，教师的指导因此也缺乏一定的系统性。学生多是根据教师布置的作文题目盲目地写，应付了事。

三、语法教学中的问题

（一）教学环境差

语言环境对语法教学的影响很大。若语言环境有利，则便于学生在真实的语境中理解和使用语法。若语言环境不利，就会对语法教学造成很大的阻力。在我国，英语教学是在汉语的环境中进行的，而英汉两种语言又分属于不同的语系，这就使英语语法教学处于一个不利的语言大环境之中。另外，国内大部分英语语法课堂教学中，教师大多采用汉语授课，更加大了语言环境的不利影响。学生在缺乏语境的情况下，对语法的理解和掌握不够深刻，只能机械地记忆教师教授的语法条目，却始终无法真正掌握其使用方法，以致错误频出。要想解决这一问题，教师应尽量用英语授课，并注意结合真实的语境来教授语法，便于学生的理解、记忆和使用。

（二）教学方式单一

"先讲语法规则，后做练习"是我国英语语法教学中最常使用，甚至是唯一的教学方法。然而，这种教学方法使学生处于被动的接受地位，无法调动学生学习的积极性。这种教学方法往往会令学生感觉好像听懂了、会用了，可是要使用的时候又感觉很陌生，总是遇到这样那样的问题；尤其是当几个语法现象共同出现的时候，学生往往会不知所措。因此，面对复杂而繁多的语法条目，教师务必要注意教学手段的多样性，以激发学生的学习兴趣，深化学生对语法条目的理解，实现语法教学效果的最大化。

第五节 英语教学改革的必要性

一、英语教学的现状分析

（一）仍沿用传统的应试教育模式

传统英语教学模式的一个基本目标是应试教育，而应试教育与素质教育的一个重要区别就是"考试观"的不同。考试本身主要具备两种功能，即评价功能和选拔功能，在"应试教育"的影响下，人们看重的只是考试的选拔功能。在大学英语教学中，自从轰轰烈烈地举行全国英语四、六级统考以来，大学英语四、六级考试便成为大学英语教学的指挥棒，其通过率的高低也成为评价学校及教师好坏的一个主要标准，而这又进一步强化了英语四、六级考试的应试性特点，使得原本对改进大学英语教学有一定指导意义的考试也失去了其应有的作用，英语应用能力提高的目标得不到落实。由于英语四、六级考试标准化的测试方法主要是让学生做选择题，尤其是语法和词汇选择题，为了应付这一考试，教师将课上大部分时间都花在了详细讲解语法和词汇上，学生则把大部分时间花在做大量的模拟题上。我们知道，语法知识固然很重要，但通过学习取得语感更为重要，而学生在英语学习过程中，追求的却是标准的、唯一的答案，并认为课堂讨论、交流无法提供准确的答案，继而从心理上排斥交际活动，过度依赖教师的讲解，从而逐渐丧失了思考、质疑、创新的能力，致使学生应试技能较强，而交际素质却很低。

此外，单调乏味是我国传统英语教学模式的显著特点。这种传统的教学方法严重影响了英语教与学两方面的积极性。教师在课堂上习惯性地采用单向的、以讲授为中心的、非交际的"满堂灌"教学方法，使得原本应当生动活泼的学习过程变得死气沉沉。在这种呆板、单一的教学模式中，教师机械地讲，学生只能被动地听；学生得不到有效锻炼英语口语的机会，其语言交际能力自然也得不到有效的培养。因此，课堂学习效率极其低下。

（二）大、中、小学的英语教学相脱节

目前，我国大、中、小学英语教学各阶段互相脱节的现象比较严重，这是制约我国英语教学效果的重要原因之一。在我国，很多城市或发达地区的小学从三年级便已开始学习英语，即使是在边远农村地区，也从初中一年级开始学习英语。可以说，当学生进入大学时，他们事实上已经学习了6年或9年以上的英语，按说应该具备了一定的英语能力和基础，并且按照中学英语教学大纲的要求，中学阶段应学完了80%的语法现象而大学阶段理应是在中学阶段基础上的一个应用和提高阶段，而且有大量的词汇作后盾，大学英语教学的许多时间完全可用于对学生运用语言能力的培养，不需再把大量的时间花费在基础语言知识的讲解、练习上。

可事实并非如此，由于目前大学英语与中学英语教学大纲的制订各自为政，各阶段的教学目的及要求相互脱节，导致教学内容重复而且分配极不合理。例如，中学有900多学时，跨度6年的时间来学习英语，掌握的词汇员是1600~1800个，平均每课时需要掌握的生词还不到2个，而大学英语1~4级要求掌握的词汇约有2400个，学时却只有240~280个，平均每学时要掌握8~10个。从学生的记忆能力来看，中学时代学生的记忆力比大学时代要好些，可是在中学每学时要求记忆的单词只有大学的几分之一，把英语学习的繁重任务都推到了大学阶段，这就使得大学英语教学的起点偏低。而学生既要忙于学习专业，又要花费大量的时间和精力学习基础英语，这必然造成英语达不到实际运用的要求，造成教学资源和时间的严重浪费。由此可见，传统英语教学模式中，大、中、小学教学脱节直接导致了大学英语教学费时低效的局面。

（三）忽视语言教学中文化的渗透

语言是一种文化现象，任何一种语言都生长在一定的文化土壤中，文化的主导意识形态一定是靠其所使用的语言来构成并起作用的。交际离不开语言，也离不开文化。语言是文化的一种载体，而交际则是用语言将文化外现。交际行为发生在社会交往之中，必然会受社会诸多因素的影响与制约，文化因素便是其中之一。而传统的语言教学思想认识是，文化只不过是由语言传递的信息，并不是语言本身具有的特征。在这种认识的主导下，文化被看作是与语言脱离的教育目标。可见，传统的应用教学重视语言能力的培养，而忽视了文化素质的教育。结果是，学生虽然可能具备一定的语言能力，但是这种能力的发挥由于文化知识不足而受到了限制，从而造成了交际中的文化障碍。

不同民族由于文化、经济基础、历史传统等的不同，人们在价值观、思维方式、社会心态及审美观念上也各不相同。从不同民族的深层文化中，我们可以找出一个民族的思想

根源，解释许多跨文化交际中令人费解的文化现象。

例如，在我国英语课上，外教一般都表现得很随意，他们有时会坐在桌上或者随意把脚放在椅子上。课堂教学中，经常把自己的讲解减到最少把大部分时间给学生进行分组讨论，课后让学生去查找相关资料，为下次课做准备。对此，许多学生感到不知所措，有的甚至会认为外教未尽其职。这是因为在我国传统的英语教学中，教师从来不会这样做，在课堂上教师一般都很严肃，是课堂的中心，进行着"填鸭式"的教学，而学生也习惯了教师的这种"满堂灌"，对于留给自己的课堂时间反而无所适从。事实上，这种传统教学方法排斥了西方的师生平等。

又如，外教在英语课堂上讲完一个问题后，往往会问一句"理解了吗？"或"有问题吗？"而得到的往往是学生的沉默。这样外教便很疑惑，以为学生对自己所讲授的内容不感兴趣，实则不然，导致学生在课堂上被动、不爱提问、发言的原因之一就是中国传统文化中的"师道尊严"。在中国，教师的威信很高，学生通常不在课堂上提问发言，是因为惧怕教师的威严，或是万一教师答不上来出现尴尬局面。此外，中国一向崇尚集体主义，群体观念较强，在群体压力下，学生发言前总要看看别人的反应，如果得不到支持，他宁可放弃表现自己的机会，以免自己在集体中受到孤立。这种外教与学生之间的冲突，便是中西方文化在深层次上的表现。

二、英语教学的新要求

（一）重视对学生综合语言运用能力的培养

1. 英语学习的主要目的是掌握语言技能

语言技能包括听、说、读、写四个方面的技能以及这四种技能的综合运用能力，其中四种技能的综合运用能力是重中之重。在这些技能中，听和读是说和写的前提和基础，也就是说语言的输入是语言输出的基础，表达技能必须以吸收技能为前提，一个人的语言运用能力必须在吸收信息与表达自己的交际过程中得到提高。因此，在英语教学中，教师一定要引导学生通过大量的听、说、读、写的实践，提高综合运用英语的能力。

2. 必要的语言基础知识学习是不可缺少的

我们前面曾经提到，英语教学必须以输入优先。语言基础知识是发展语言技能的重要方面，是语言能力的有机组成部分，是形成能力的基础，因此学习英语语言基础知识是必要的。但是，要培养学生的综合语言运用能力，既不能把学习语言基础知识作为课堂教学的唯一目的，也不能为了培养学生的英语运用能力而完全否定语言基础知识的学习。

3. 注重学生的心理因素

心理素质不仅是影响英语学习的重要因素，也是人的发展的一个重要方面，学生的心理素质对他们的语言运用能力的高低有着重要影响。学习动机是学生学习英语的首要心因素，而对英语学习的态度、兴趣和情绪则是促使学生产生英语学习动机最核心的因素。因此，在英语教学中，教师应该想方设法激发学生对英语学习的兴趣，提高学生对英语学习的热情，激发学生对英语学习的动机。学生只有对英语有了学习动机、兴趣、积极的情感，才会积极主动地参与课堂活动，善于配合教师的课堂教学，才可能对英语学习保持一股持之以恒的热情与动力，形成良好的学习习惯与求学精神，不断完善自己。

4. 培养学生正确的学习策略

学生综合英语运用能力的培养与其学习策略有关。教师在教学过程中，还需要指导学生探究正确的英语学习方法，选择正确的英语学习策略。我们提倡教学要以学生发展为本，要对学生"授之以渔"，实际上就是要教给学生英语学习策略。掌握正确的学习策略，可以提高英语学习效率，才能收到事半功倍的学习效果。而好的学习效率，又可以提高学生对英语学习的兴趣与热情，提高课堂教学效率。

（二）重视对学生认识能力的培养

英语教学经历了由知识型教学向技能实践型教学的转变，突出了语言作为社会交际工具的本质特征。但我们认为，英语教学既是获得交际所需要的语言技能及相应的语言知识的过程，同时也是发展智力和培养认识能力的教育过程，而且英语教学对于培养认识能力有着特殊的意义。

提高学生的认识能力对英语教学有重要意义。首先，从语言与思维的关系看，思维是以语言为物质载体和构思工具得以发展的，同时语言能力和思维能力是相互促进、协调发展、辩证统一的。语言是人类文化的"活化石"，凝结了人类文化的全部成果，记载着不同的社会历史背景及相应的不同的思维方式。总而言之，学习一种语言，也就是学习一种文化，就是进入一种新的文化视野，就是学习该语言的民族思维方式和文化心理，经历一种新的思想观念的冲击，接受一种新的思维方式的影响。在英语教学过程中，教师应该有意识地发展学生的思维能力和认识能力，使学生通过学习英语来获得认识世界和感受世界的新的心理机制和思维方式。其次，从母语与英语的关系看，大文豪歌德曾指出："只有当你学习了外语之后，你才能真正懂得自己的母语。"有对比才会有鉴别，这样，在学习英语的过程中，人们才会对母语有更加理性的认识；也只有通过学习外语，人们的思维才不会因母语的思维局限性而受到限制，从而可以拓展新的思维方式。

（三）重视文化对语言的影响，加强文化教学

英语教学的目标之一是"帮助学生了解世界和中西文化差异，培养爱国主义精神，形成健康的人生观"。可见，在多元文化视野下，跨文化知识是英语教学的一个重点，培养学生的跨文化意识、跨文化感悟力、跨文化交际能力将会成为当代英语教学的一个发展趋势。

语言作为人类沟通的工具，是社会的一部分，是人性和人本身的一部分，而不是独立于人类社会之外的系统。任何一个国家、民族的语言与其文化都是相互依存、相互作用、不可分割的整体。语言是文化的载体，不同的语言代表着不同的文化，没有语言，文化无以负载；没有文化，语言也就是一个空壳。

在英语学习中，即使基本语言知识掌握得很好，但如果对语言的文化内涵缺乏认识和了解，忽视了不同的语言在文化上的差异，就难以准确理解语言所蕴含的意义。因此，教师在教学中要重视文化背景知识的传授，有意识、有目的、尽可能多地介绍和传授西方国家的文化背景知识及中西文化间的差异，努力增加学生的跨文化知识，使他们了解生活在不同社会背景中的人们的语言特征和文化习惯，努力提高学生对语言和文化差异的理解能力和敏感性，提高跨文化交际的能力。另外，尽管不同语言中的某些词语的概念基本相同，但表达的意义和社会文化的含义却往往因文化不同而具有浓郁的民族特色，因此教师在教学中还要重视教授词汇内涵和词汇外延的文化内涵。

在教学过程中，教师要重视文化意识的融入，加强文化背景知识的教学，从而有助于学生更深刻地理解语言及其背后的文化，加强学生的文化理解能力，提高学生的跨文化交际能力。

（四）重视学生的全面发展

在英语教学中要着眼于学生的全面发展，要注意激发学生对英语学习的兴致，培养学生的学习兴趣，帮助学生树立自信心，形成有效的学习策略，养成良好的学习习惯。

1. 教师要相信每一个学生都具有极大的潜能

我们应该相信，每个学生都蕴藏着极大的学习潜能，每一个学生都有丰富而独特的内心世界，学生之间是有差异的，有个性的。今天的学生在很多方面比以前的学生更具独立性，他们对许多问题的思考都有独特性。英语教师应该成为学生的朋友，与学生平等相处，只有这样，学生才会愿意与教师沟通，愿意向教师倾诉内心的想法；也只有这样，教师才可以了解学生的内心世界，才能更好地帮助挖掘学生的潜能，英语教学才会取得更大的成效。同时，由于学生之间是有差异的，教师应该根据学生在英语学习中表现出来的不同学习特点，在教学中采用不同的对策，提供差异化的、切合学生实际的学习指导，给每个学生提供平等的学习机会。只有了解学生的独特的内心世界，了解学生的个性差异，教师才能在英语课堂教学中为每一个学生创造表现自己的活动环境，使每一个学生都积极地参与到教学活动中来，让学生在学习活动中发展个体的学习能动性、创造性、自主性和独特性，充分发挥学生的主体作用。

2. 教师要创造和谐的教学气氛

教师要在英语教学中创造和谐的课堂教学气氛，尊重学生，爱护学生，实行情感教学，注重情感交流。由于课堂教学是人的交际过程，这个过程是否有效，取决于课堂气氛是否和谐。可以说,和谐的课堂交际气氛在某种意义上来说比好的教学方法更重要,而和谐的课堂气氛是实行情感教学的关键。因此,为了创造和谐的课堂教学氛围,实施情感教育,教师在教学中要提倡宽容,教育学生多使用英语,对学生所犯的错误不必有错必纠;教师要始终保持乐观向上的精神状态,对教学和学生满腔热情,以引起学生的积极情感;尽可能地让全体学生在学习过程中获得乐趣,获得满足感与成就感。当学生在课堂学习中不断收获自己的学习成果时,他们的学习兴趣与积极性就会与日俱增。

三、现代英语教学的改革

(一)教学内容的改革

英语教学改革需要科学的方法作为指导,下面分别对这些方法与步骤进行分析与总结,从而促进英语教学改革的推进。

1. 建构个性化的英语语言体系

英语教学改革是改变传统教学方法对学生语言应用能力的限制,提高学生的语言使用能力。语言学习包括输入和输出两个方面,对于英语而言,包括听、说、读、写、译五种技能,而对于大多数中国学生来说英语阅读就是翻译,或者说英语翻译是英语阅读理解的一种转化形式。这五种技能关系密切,相辅相成,支配着这五种技能的是笼统而庞大的英语语言体系。

很多学者认为,研究和掌握英语语言体系应当是英语语言学家、语法学家或教师的任务。事实上,语言体系存在于每一个语言使用者中,对于某一具体语言,既有广义的语言体系,也有狭义的语言体系。而在日常交际活动中,交际的双方是以广义的语言体系为背景,采用个性化的语言来进行的。可以说,语言学习就是学习者构建个性化语言体系的过程。因此,英语教学应该以帮助学生构建其个性化的英语语言体系为主要内容。

2. 建构个性化的英语语言体系具有可能性和可操作性

学生英语语言体系的建构带有一定的可能性和可操作性,这是英语教学改革推进的重要保证。目前的英语语言研究都脱离中国学生的学习实际,学习者很难通过独立的学习来构建英语语言体系,需要教师指导和帮助。基于计算机和校园网的大学英语教学改革将教师从繁重的教学课时中解放出来,从而有更多的时间休息调整、静心思考、外出进修,提高教育水平,进行创造性的研究。教师是英语教学的重要指导者,因此教师的作用需要被充分认可。

运用认知心理学、功能语言学等现代语言教学理论的最新研究成果使教师可以在充分研究教学内容和教学对象的基础上,通过英汉语言的对比,重新归纳、整合英语语言规则;对教学目标进行分解,制订详细的教学计划,将之细化成有机的英语语言知识体系,从而使学生根据教学细目认识自己现有的英语知识和具备的英语能力,帮助他们设计出个性化的指标体系。

个性化英语语言体系的建构要基于对现代语言学诸学科最新研究成果的消化吸收，基于对教学内容的全面了解、系统分析和科学总结。教师要努力改进教学方法，充分发挥学生对英语学习的主动性与创造性，将应试教育转为以培养学生语言应用能力为宗旨的素质教育。

传统的英语教学法就是教师将大量的时间、精力投入分析和讲解句子结构、语法结构和词汇上，教师总以为给学生讲的越多，学生学到的就会越多。事实上，这种教学方法事倍功半，得不偿失。学生在课堂上没有更多的思考时间，只是不停地记笔记，之后照着所记的笔记死记硬背，学生得不到任何的语言实践机会，知识无法转化为能力。另外，在这种教学模式下的课堂气氛十分沉闷，很难引发学生的学习兴趣。因此，要想培养学生语言应用能力，必须以学生为主体，充分调动他们的积极性和创造性。

（二）改革教学方法的手段

1. 以多样化的教学方法启发学生思维

每个学生在英语学习过程中，都形成了不同层面的英语水平，同时其学习特点和学习方式也各有不同，所以他们对不同的教学方法的适应程度和喜好程度也不一样。在英语课堂教学中教师要提高教学效果，必须能够吸引学生的注意力，使其全身心地投入课堂学习中，为此，教师应该根据教材特点、教学内容、学生特点等，交替使用各种教学方法。多样的教学方法有利于活跃课堂气氛，有利于集中学生的注意力，还有利于从不同角度对学生的思维进行启发。这种多元化的教学方法和传统意义上的英语课堂教学有着很大的区别。

在具体的英语教学过程中，教师要善于使用多种教学方法，如利用多媒体、直观教具、学具、辅助资料等。利用直观教具进行外语教学，不仅可以使外语教学过程变得生动、形象、直观，加深学生的印象，强化学生的记忆，而且容易引起和保持学生的学习兴趣，最大限度地调动学生的学习积极性。此外，在教学过程中，教师还可以用自己的眼神、手势、姿态给某些学生启示和暗示，兼顾不同学生的需要。在这样的教学手段的影响下，学生的积极性会得到很大的提高，因此课堂教学效果也会增加。

2. 以课堂提问激发学生的积极主动性

（1）对学生出现的错误要正确对待。学习任何知识都需要经历一个过程，在这个过程中难免会遇到各种各样的困难，从而产生错误。同样，学生在学习英语的过程中，也难免会出现一些错误。比如，教师在课堂上向学生提问时，学生难免会有不懂的问题，或者出现错误。对待学生的错误，不同的人有不同的看法。行为主义心理学主张有错必纠，以便形成正确的使用语言的动力定型；功能派心理学认为，学生在学习语言、使用语言进行交流的过程中犯错误是难免的，而且错误的出现正是语言学习由不完善向完善的过渡，对这种错误，只要不影响完整理解不必纠正。

我们认为,学生在学习英语的过程中本来就担心自己因犯错而给别人留下不好的印象,如果教师再经常毫无顾忌地指出学生的错误,很容易使他们产生心理负担和压力,从而使学生因怕犯错误、被人笑话而不再敢开口讲,不再参与课堂活动,甚至会使学生感到英语课堂压抑和恐怖,从而对英语学习失去信心与兴趣。因此,在实际教学活动中,教师应避免过多纠正学生交际过程中出现的错误。在学生参与课堂活动时,教师对学生所犯的一些不影响交际和理解的错误,应采取宽容的态度。对于影响交际和理解的错误,教师应视具体情况加以纠正、引导。

（2）根据学生的学习特点因材施教。英语教学的对象是学生。教师要想采用有效的教学方法,提高教学效果,首先要对学生的情况有所了解。主要包括学生对英语知识的掌握情况,学生的英语水平、语言能力,学生在英语学习方面的优缺点以及学生的性格特点等等。只有充分了解学生这些方面的特点,教师才能有根据地对学生进行提问,争取让每个学生都积极参与到每堂课中,让他们在轻松活跃的课堂气氛下学习。相反,如果教师对学生的情况十分模糊,那么就很容易使学生因无法回答出老师的问题而感到受到了冷落,从而失去学习英语的兴趣；或者由于不了解学生的英语水平,让英语水平较差的同学回答一些难度较大的问题,使其感到难堪,对英语学习失去信心和兴趣,因此,为了做到因材施教,教师应该对所教学生的特点有所了解。

（3）使用启发式教学法,调动学生学习的积极性。学生对课堂活动的积极性的高低很大程度上影响着其学习效果,更决定着英语课堂教学的质量。因此,要想保证英语教学的有效进行,必须要对学生的积极性进行激发。激发学生的积极主动性的一个有效方法是启发式教学,这种教学方法的关键在于创造一种情景,诱发学生产生疑问,提出问题,激起学生积极的思维活动和求知欲,促使学生参与到英语教学活动之中,从而培养学生思考问题和分析问题的能力。因此,作为教学主导者的教师不仅要考虑教的顺利进行,还要考虑学的效果。为了保持轻松和谐的课堂气氛帮助学生掌握课堂教学的内容,激发学生的求知欲望,调动起学生的学习主动性和积极性。教师不仅要谨慎考虑各教学环节,尽量安排好课堂的各个步骤和细节,对所预计和估量教学活动的发展情况并对可能出现的各种问题做好比较充分的思想准备。

3. 提高课堂趣味性,激发学生的学习兴趣

心理学观念认为,兴趣是一种心理倾向,能使人经常趋于认识、掌握某种事物,力求参与某项活动,并且有积极情绪色彩。苏联教育学家赞可夫提出,教育法一旦接触学生的情绪和意志领域,触及学生的精神需要,这种教学法就能发挥高度有效的作用。

可见,趣味性是英语教学活动中的头等大事。呆板的教学方法不可能使学生对教学感兴趣也不能产生良好的教学效果,因此,教师在教学中应该重视满足学生的精神需要,增加课堂的趣味性。实际上,一个优秀英语教师应该使英语课堂教学丰富多彩、生动有趣,以激发学生对英语学习的兴趣,让学生始终保持主动积极并渴望学习英语。可以说,一个

教师教学能力的高低，在很大程度上取决于他激发学生学习兴趣的能力。

在教学过程中，教师应自始至终地保持英语课堂的趣味性。多样化的教学方法和直观的教具都是调动学生积极性的有效手段，英语竞赛、游戏等对于激发学生的兴趣也起着非常重要的作用。

第二章 大学英语教学方法

第一节 大学英语教学方法创新

大学英语作为高等教育中重要的课程，是大学教育发展的重要组成部分，对学生英语学习能力的进一步深入和提高起着至关重要的作用。但是教学效果的好坏与教学方法的应用关系十分密切，并发挥着特殊的作用。在当前大学英语教学背景下，传统的教学方法已经无法适应当前时代的发展和社会需要，因此必须建立起一整套全新的教学模式。本节从当前大学英语教学方法的创新改革的必要性出发，对当前教学中存在的问题和不足进行分析，得出运用互动式教学方法、肢体语言教学方法、角色扮演教学方法等进行大学英语教学方法创新的对策建议。

在传统大学英语的教学方法中，其宝贵的经验和方法虽然能以一定的方式进行，也可以助推当下的教学课程改革，但如何将创新的传统教学方法融入日常的课程中去，是当前许多高校面临和需要解决的重要问题，也是能否进一步深入开展大学英语教学的重难点。打破长期以来英语学科高等教育的瓶颈和桎梏，需要我们处在一线的教师以一个全新、全面、辩证的视角去看待，从而促进高校以更加科学的态度发展大学英语，满足大学英语课程教学的需要。

一、创新当前大学英语课堂教学方法的必要性

（一）改革课堂教学方法对推动网络化教学模式至关重要

对于网络化教学模式的应用，目前在许多高校的教学中都处于慢慢兴起的状态，还远远谈不上普及的程度，主要表现在两个方面：一是在国内的高校中，因为客观的原因，相当一部分高校在财政上捉襟见肘，所以无法实现网络化教学的全面覆盖；二是网络化教学的真正意义已经引起广大高校的重视，但是目前正处于不成熟的阶段，对于高校来说还没有一套固定的模式可以为自己所用。此外，传统的教学方法并非一无是处，将其与现阶段的先进学习方法相结合是十分必要和可取的。

（二）教学方法的选择是保障教学质量的关键因素

先进的教学模式和教学方法离不开教师的灵活运用，因为不管是方法、模式还是内容手段都是人为创造出来的，最终也是靠人来进行操作和实践的。即使是多媒体教学方式，能通过网络、课件的演示等呈现出来优质的内容，但是它终究只是一种教学的辅助工具，永远不能代替人为的因素。有这样一种说法，"随着互联网技术的发展，教师将在不久的将来失去工作"，笔者认为这是十分荒谬的。鉴于此，我们不应该过分迷信、盲目依靠先进的教学方法，而应采用既有的教学方法或教学手段，结合网络教学的特点，充分发挥教师作为教学的引导者、组织者的重要作用。先进的教学设备不是决定教学质量的重要因素，如果不当使用，不仅不会起到辅助和促进作用，还有可能干扰到课堂教学，使学生抓不到课堂内容的重点，使先进的技术流于形式。因此，通过探索和实践不断改革教学方法，充分发挥教师的主导作用，同时体现学生的主体地位，才是提高教学质量的关键。

（三）课堂上的互动和语言训练，才是大学英语课程的内在要求和本质

通过进行方法上的创新，在课堂上进行互动和语言训练，从课程性质的角度出发，是十分必要的。大学英语教学的目的是使学生掌握英语的基本交际能力，在听、说、读、写、译五个方面进行全方位的提高，具备了这些能力，尤其是听说能力的掌握，才能真正将英语应用到日常的生活和工作中。因此，这意味着教师必须在课堂上通过与学生之间的频繁互动，在课堂的教学过程中实现英语交际的教学，训练学生的语言技能，让学生在反复的实践和应用中相互作用，逐渐提高英语交际能力。[①]

二、传统教学模式下大学英语教学存在的问题和不足

（一）传统大学英语教学模式下，主客体本末倒置

传统的教学模式下，教师处于教学的中心位置，而学生更多的是处于从属位置，这是极不符合教学规律的。大学英语作为一门应用性极强的课程，其教学的基本要求是学生通过听、说、读、写的训练，掌握加工语言信息的能力，并通过一定的形式进行表达，因此这样的特点就决定了学生必须在实践中全面提升自身的英语能力。但是，据笔者观察，在传统的教学模式下，大多数教师占用了大部分的教学时间，使学生没有时间进行实践训练，学生被动接受，被灌输了太多的单词和固定句式而缺少实践训练，使得学生即使学习了英语，还是不能很好地运用它。

---

① 李建萍.分级教学背景下大学生英语词汇学习策略的调查和分析[J].黄山学院学报，2009(8)：99.

（二）传统大学英语教学模式下，多以固定句式和单词为主，效果较差

在大学英语课堂教学中，许多教师采用的教学模式还都是类似于语文的教学方法，重在对英语原文的语法解释和单词讲解，提出让学生重点掌握长难句，或是直接背诵一些句子。但是在实际的教学中，这对学生英语能力的提升几乎没有什么好处，学生将语法知识掌握得很好，但是在实际与外国人交流的过程中，大部分对话的语法可能是不严谨的，并可能存在错误，因此活学活用在英语的学习中是十分重要的。

（三）传统大学英语教学模式下，英语学习的四要素缺乏有效衔接

英语学习中有重要的四要素，分别是听、说、读、写。这四个部分在大学英语的学习中应该是相互联系、不可分割的部分。但是据笔者的观察，目前这四个部分大多还是相互分离的，尚未形成一个有机联系的整体，如学生在上听力课时，就是在单纯地进行听力训练，缺少写和读的环节，这就很容易导致教学效果不佳，所以在上听力课时学生不应该纯粹地进行听力训练，可以加入读、写、说的环节。如果我们把这四个方面的教学内容结合起来，学生就能够很容易地把他们的听力和阅读信息与自己的学习结合起来，学习效果自然会得到极大改善。

三、创新我国大学英语教学方法的对策建议

（一）运用互动式的教学方法

互动式教学作为一种创新的教学方法，在当下的教学过程中得到了广泛的应用[1]。这一教学模式是指老师在授课的过程中，为学生创设一个互动的教学环境，学生在这种轻松愉快的互动交流中，能够自由地表达自己的观点和意见，从而激发学生的学习积极性。通过一定的试验发现这种教学方法对于大学英语课堂教学效果的提升具有非常明显的效果。在英语课程的教学中，教师可以向学生提出一个或多个问题，根据学生能力的不同分组进行相应的指导，使学生成为解决教学问题的主体，引导其进行分组讨论。

（二）运用肢体语言的教学方法

将肢体语言的教学方法运用到大学英语的教学中，让教师运用肢体语言进行教学内容的表达，从而为学生创造轻松快乐的学习环境，让学生自由学习。大多数语言都是通过肢体的一些动作进行表达的，虽然没有具体的语言，仅仅是一些无声的表达，效果却是十分明显的。通过这种教学模式，能使其本身生动、活泼的特点发挥得淋漓尽致。大学生大都已经成年，其模仿能力一般都较强，在教学中，教师可以根据教材内容，生动地表现出语

---

[1] 黄建滨，邵永真. 大学英语教学改革的出路 [J]. 外语界，1998（4）：20-22.

言所要表达的含义,不仅能够激发学生的求知欲望,而且能够引导他们积极参与。这样一来学生在模仿中体会到了学习英语的乐趣,久而久之,就会变得更加愿意学习英语。

(三)运用角色扮演的教学方法

角色扮演的教学方法目前已经在高校中得到了广泛的推崇。角色扮演的方法就是在教师的指导下,教师根据教材内容的特点,要求学生进行相应的发挥,进行对话与交流。在教学过程中,英语教师可以根据学生的英语学习能力实际教学,教师还可以把教学内容编译成故事,让学生根据自己的性格或喜好进行自由发挥,与其他表演者进行口语交流。这样一来不仅可以提高他们的语言表达能力,还能够锻炼他们的实际操作能力。

第二节 隐喻识别与大学英语教学方法

隐喻自动识别关键的一步是要解开人类对隐喻理解的认知机制,建立语言的形式化模型,使之以计算机能够识别的形式表示出来。这一过程在很大程度上需要依赖认知语言学理论的指导。目前关于隐喻计算研究的综述性文章主要针对隐喻模型设计、知识库和数据资源建设及隐喻处理的应用方面进行介绍,而本节将从认知语言学和计算机科学的交叉角度对隐喻识别所涉及的理论和方法进行深入探究,探讨多学科交叉视角下的大学英语教学方法。

一、隐喻识别的认知语言学视角

(一)基于文本线索的识别

隐喻表达的特征之一是具有一定的语言标记,可以把这些语言标记作为隐喻识别的线索。这种研究思路在隐喻识别中非常直观,能起到一种"路标"的作用,具有较高的价值。通过隐喻标记语的明确指示,做出不能对该话语做字面意义理解而应做隐喻意义理解的明确引导。由于隐喻标记语的介入,人类在对隐喻进行推理的时候,就能很容易地领会其中蕴藏的意图,从而做出正确的隐喻识别。因此,隐喻标记语的使用明示了话语的语义逻辑关系,对隐喻的人脑推理过程起到了明示的语用制约,从而帮助理解与识别。束定芳总结了隐喻表达的七种文本线索标记:

(1)领域信号或话题标志。如 intellectual stagnation(智力上的停滞)、psychic eddy current(心理旋涡)、时间隧道、历史悲剧。(2)元语言信号。直接用 metaphor, metaphorical, metaphorically 或"比如"等字眼。(3)强调词信号。In fact, literally, actually,really,汉语中的"几乎、差不多、简直"等。(4)模糊限制词。如英语中的a little,practically,汉语中的"有点、某种意义上"等。(5)表示隐喻转换的上义词。如sort of,type of,"某种"等。(6)明喻。明喻是隐喻的一个种类,其比喻词like,as,"好像、仿佛"等明确表明这是隐喻式话语。(7)引号。

根据上述认知语言学理论,在隐喻计算机自动识别领域,有些研究工作是针对文本中的线索进行的。

(二)隐喻本质

概念隐喻观运用源域与目标域之间的映射及意象图式来解释隐喻现象,认为隐喻的本质是以一种事物去理解另一种事物的手段,从一个比较熟悉、易于理解的源域映射到一个不太熟悉、较难理解的目标领域。人类对隐喻的识别是指在语境中发现隐喻表达,找出源域、目标域及映射域的联系。束定芳总结归纳了人类对隐喻识别的两种基本方法:(1)基于文本线索;(2)基于语义冲突。在认知语言学背景下,隐喻被普遍认为是一种思维方式和认知模式。概念隐喻理论认为隐喻是利用一种概念表达另一种概念,需要这两种概念之间相互关联,这种关联是客观事物在人的认知领域中的联想[①]。

(三)基于语义冲突的识别

人类对隐喻的理解首先建立在上下文语境的基础上,根据语言认知系统知识库及概念知识库,对语言形式和字面意思进行分析,确定源域与目标域的语义冲突,并运用概念联想提取机制判断出映射关系,最后做出概念隐喻的判断。多数隐喻的出现并没有什么明确的信号或标志,需要通过对语义冲突的理解来识别隐喻。语义冲突也称为语义偏离(deviation),指的是在语言意义组合中违反语义选择限制和常理的现象,是隐喻产生的基本条件。语义冲突可以产生在句子内部,也可以产生在句子与语境之间。Ortony认为某一语言表达成为隐喻的第一要素是从语用角度或从语境角度看,它必须是异常的,即从其字面意义来理解有明显与语境不符合之处。人类需要根据话语的字面意义在逻辑上或与语境形成的语义和语用冲突及其性质上,判断某一种用法是否属于隐喻。

二、交叉视角的文本表达

(一)基于文本线索的方法

因为很多的隐喻并不具有明显的语言标记,所以这种基于文本线索的方法只能作为一种辅助来提高识别效果。隐喻在标记统计的基础上,把标记隐喻的语言信号分为若干类别,并考察其在文本中的出现频率与隐喻的使用关系。研究表明,虽然带有语言标记的隐

---

① 李芳.英语教学法[M].北京:高等教育出版社,2001.

喻句在隐喻句总数量中存在的比例并不大，但是在存在隐喻标记语的书面语中隐喻的比例达到了大约 1/2。除了隐喻标记语的词汇层面，Ferrari 还把句法分析作为文本线索进行隐喻识别的研究。例如，通常作为隐喻标记的单词 metaphor，在句子 "A metaphor is a figure of speech where comparison is implied" 中作为主语出现，此句不再是隐喻，metaphor 也失去了标记的功能。这种方法概括起来就是将规则约束与机械学习相结合，从语料库中统计隐喻的语言标记和句法信息出现的概率，以此作为文本线索进行隐喻计算机自动识别。

（二）基于语义知识的方法

对基于语义知识的方法进行早期的研究，建立语义冲突分类体系，并手工建立语义知识库，但这对大规模的语料分析具有局限性，同时也耗时耗力。Mason 通过大规模语料库自动获取词汇的优选语义，从领域语料库获得词汇的语义特征，对比特征语义冲突完成概念映射的优选。但由于领域知识库规模不足，此方法只能处理与动词相关的较简单的概念隐喻，对于复杂映射具有很大的局限性。利用词典和语义搭配知识是基于语义知识方法的另一种应用。如 Krishnakumaran 利用英语词典 word-Net 得到语义知识，计算词语在语料库中语义搭配的概率。同样，杨芸利用《同义词词林》和《词语常规搭配库》来识别汉语语义搭配型隐喻。另外，机器学习方法是隐喻自动识别研究的一个新方向，在处理海量信息上有着明显的优势和广泛的应用。面对日益增多的数据与计算机技术的迅速发展，广泛地尝试探索基于机器学习的隐喻识别研究十分必要。基本上，此方法把隐喻识别的问题转化成了文本分类问题，从而达到了识别目的。

三、总结

（一）语言学家与计算机研究者携手共进

语言学与计算机科学对于隐喻识别，有着共同的研究处理对象及共同的奋斗目标——揭示人类语言中隐喻的秘密，开发人类语言智能的功能。利用计算机对隐喻进行识别，基于规则和统计相结合的办法是有效办法之一，只利用任何一种方法都有它的局限性。计算机固然可以迅速地从大规模的语料中获取隐喻知识，解决系统的一些具体问题，却不能解释确切的运行机制和其中的规则到底是如何建立的。所以需要语言学家对语言进行描述与规则制定，实现计算语言的形式化，这些都是跟语言学的基础理论分不开的。同样，语言学也需要进一步现代化。而计算机隐喻识别所提出的一系列新的方向与需求，一方面启发语言学家从新的角度去思考问题和探索，这必将深化语言学的理论知识；另一方面，通过计算机改造语言学理论，可以促进语言描写的形式化、科学化和精密化。计算机科学的发展，不但为语言学提供了现代化的研究手段，也扩展了语言学的研究视野。因此，语言学家与计算机研究者加强合作与支持，才能促进隐喻研究的重大突破。

（二）隐喻知识库与英语教学

隐喻知识所提供的实例分析和分类，帮助学生形成了系统的理解和有序的逻辑思维，分清隐喻表述的各部分关系，代替死记硬背的传统学习方式，遵循有效的认知规律，从语言学习的根源和理论上整体把握，从而提高对语言深层次的理解，提高学习的效果，增强英语语感。隐喻的各种计算模型往往需要一个或多个知识库的支撑，这是由隐喻的认知性所决定的。知识库中除了三个例句，还给出了与force类别相关的隐喻类别（Related metaphors: related to Causes are Force），指出了隐喻的源域（substance，contents，container，hitting）和目标域（force），另外还有简要分析以帮助理解（note）。例句中都包含概念隐喻的影子。借助概念隐喻可以认识到隐喻表达形式的根源，将原本分散的形式内涵按根源进行归类。隐喻知识库所提供的概念隐喻系统使语言学习者了解到隐喻生成机制的原理，利用映射原理对知识系统进行分类整理。

第三节　基于提升课堂学习效率的大学英语教学方法

一、传统大学英语教学方法的特点和不足

（一）传统英语教学方法在听、说、读、写方面没有好的衔接

听、说、读、写是大学英语教学的四个有机组成部分，在当前的大学英语教学中，这四个方面在很大程度上都是相互分离的，以至于学生在听力课上只是纯听力训练，在阅读课上只是一味地读课文，而在口语和写作上经常无话可说、无内容可写。如果将这四个方面的教学内容很好地结合起来，学生便能够将其在听力和阅读上所获得的信息结合自己的观点加以整理，自然会有话可说、有内容可写了。

（二）传统大学英语教学方法以语法解释和翻译法为主，效果欠佳

大学英语是一门应用型课程，其最基本的要求是学生能够通过听力和阅读训练，学会高效率地吸收和处理信息，并通过口语和写作充分表达信息，这决定了学生必须在实践中培养英语综合能力。然而，传统大学英语教学中，教师的满堂灌占据了课堂大部分时间，学生缺乏时间进行有效的训练，导致了他们即使听懂了也不会实际应用。在大学英语课堂中，很多教师遵循的教学模式仍然是解释课文语法，帮助学生翻译长句、难句，或者让学生死记硬背课文内容。笔者在实践教学中发现，很多学生对语法掌握得非常清楚，但是在

英语表达中却仍然错误连篇。例如，两位老朋友十年后第一次见面，刚开始都没认出对方，等互报姓名后，其中一人感叹道："我都没有认出你！"在这种情景下，很多对时态非常精通的学生都会错误地表达为"I don't recognize you"。这是因为学生在语法解释和翻译法的教学中，只懂语法，而不知合理地使用语法，只知按字面翻译而不知如何从意思上去理解。在传统大学英语教学方法中，教师起着绝对的主导作用。

二、大学英语教学方法的改革探索

（一）教学中应在听、说、读、写四个方面进行有机整合

心理学家认为，知识的获取需遵循相应的规律，母语习得者之所以学习效率高，是因为其能够将所获取的信息进行统筹管理，分别储存于短时记忆和长时记忆系统中，无论是短时记忆还是长时记忆，有逻辑联系的信息回应能延长记忆时效，而且便于提取。笔者曾根据以上两点进行相应的教学改革，但是发现仍然有很多问题妨碍教学的顺利开展。最大的困难是学生英语水平有限，无法做到以学生为主体，然而通过听、说、读、写四方面教学的整合，就能够很好地解决这一问题。通过及时、不断的提取信息，记忆便能得到强化。因此，首先可以给学生布置预习任务，让学生通过网络教学系统学习相关的音频、视频和文章，在练习听力和阅读的同时对课文主题有一个很好的理解，且积累一些课上可能会用到的词汇、短语和观点。其次，由于学生课前的积累，在课堂上教师便能非常轻松地引导学生进行课文的学习和理解，并引导学生针对课文内容发表自己的见解，课堂氛围和效果会得到很大的提升。最后，让学生在课后通过互联网查询支持自己观点的相关信息，最终在所学语法知识、词汇短语以及相关内容素材的帮助下写出与该主题相关的短小文章。通过听、说、读、写四方面的有机结合，可以很好地帮助学生建立自信，从而提高教学效率，增强学生的英语学习兴趣和激发其动机。

（二）摆脱教师的绝对主导模式，实现以学生为中心的主题教学模式

"以学生为中心的主题教学模式"可以从听、说、读、写等方面围绕一个具有逻辑关联的话题，让学生以个体或团体形式进行训练，将其所学词汇、语法应用于学习训练之中，也可以通过这种教学模式，巩固加强学生对课文所蕴含知识的理解。认知主义心理学代表人物之一布鲁纳（J.S.Bruner）认为，学习是认知结构的组织和重新组织，学生知识的获得不是教师灌输给学生的，而是要学生自己主动去探索和发现的。英语教学的过程理应是引导学生在课堂及课后进行有效的实践训练，提高信息吸收的效率，并将其所学语法知识通过反复练习训练成一种思维方式，从而提高英语表达的准确性和高效性[①]。传统教学主题内容过于空洞、乏味或绝对，致使学生无话可说，或者有话也懒得说、懒得写。很多教

---

① 汤闻励.非英语专业大学生英语学习"动机缺失"研究分析[J].外语研究，2012（1）：70-75.

材的单元主题往往是校园生活、恋爱等已经被反复练习和论证的话题,学生已经对此产生了厌倦感。所以,对教学主题的选择,应该注重在知识上激发学生的求知欲,在内涵上值得学生深入思考,在争议上允许学生在适当范围内提出各种不同的观点。

(三)改变传统的语法解释和翻译法教学

其实,很多同学对语法知识已经很是明了,但是用起来却会出错。语法本就是种说话的规则,学完规则还远远不够,更重要的是学会如何应用规则,将规则训练成说话的思维方式。然而,传统大学英语教学只注重一遍遍教学生规则,而不引导他们去应用规则,这显然是不科学的,也是导致现在很多学生英语表达能力弱的重要原因之一。因此,我们应该在传统英语教学方法的基础上,增加新的训练模块教学,引导学生将所学知识应用到英语实践中去,提高其英语表达能力。中国传统英语教学从初中开始便特别注重语法教学,但经过初中、高中和大学的学习,很多学生的语法应用能力仍然很差。在2011年英语专业八级考试的21万份试卷中,汉译英部分得8分以上的试卷只有19份,很多答卷语法错误连篇。例如,匆忙与休闲是截然不同的两种生活方式。有些人认为:Hurry and soft is two different life style 或者 Both busy and free are two different way of living 这两句是比较极端的翻译,还有很多答卷也或多或少都有语法错误。

三、"后方法"教育理论的路线图

后方法时代外语教学思想认为没有一种现成的最佳方法可一劳永逸地用于教学,主张外语教学应摒弃传统教学方法思想的束缚,从更广阔的视角探求突破传统教学方法思想的教学新理念和新途径。它倡导最大限度地关注教师教学方法运用和支配自主性及创造性,主张由一线教师据自身学习经历、教学理解及教学理念、风格和经验,进行自我观察、分析、评价,塑造并改进课堂学习,构建"由下至上"(down-top)适应具体教学情景、立足课堂教学的教学理论体系。"后方法"理论的提出者——美国学者库玛(Kumaravadivelu)据此初步构建起一个由特殊性(particularity)、实用性(practicality)、可能性(possibility)三个基本参数组成的第二语言教学和教师教育的三维系统,并勾勒了一幅"后方法"教育的路线图。

(一)实用性参数

实用性参数涉及范围更广,它直接影响到课堂教学中理论和实践关系的处理。在实践中,鼓励教师将个人实践理论化,再将个人理论应用于实践,有助于教师理解和明确问题所在,分析和评价信息,对各方面进行考量和评估,从而选择最佳方案,并做进一步的批判性评估。由此,实践理论便涵盖连续性反思和行动,教师的领悟性和直觉力构成了实践性的另一方面。教师在实践中积累着某种无法用言语表达的感受与知识，在此过程中完成有关最佳教学"意义建构"。并随着时间的推移不断成熟，这种建构看似是本能的、独有的，但它是由主导微观课堂环境的教育因素和源自课堂之外的社会政治因素形成和建构的。因而，"意义建构"要求教师不仅将教育视为课堂中最大化学习机会的一种机制，同时也是一种在课堂内外理解和改变"可能性"的方法。从这种意义上讲，实用性参数便转化为可能性参数。

（二）特殊性参数

特殊性参数要求任何相关语言教育都必须注意存在于特定社会文化环境中的教育机构的特殊性以及机构中教师和学生的特殊性，还要注意学习目标的特殊性。这种特殊性与包含一整套基础理论原则和普通课堂实践的既有的教学方法理论不同。从教育视角分析，特殊性既是目标也是过程，即在教育中我们要同时注意追求目标特殊性和教育过程特殊性。它是教学手段和目标的一种过程性发展。特殊性也是一种能力，可以用来衡量对开展外语教学的当地教育机制和社会环境特殊性的敏感程度。特殊性始于个人或集体教师，通过观察他们的教学行为，评价教学成果，辨识教学问题，找出解决办法，进一步尝试分析可行与不可行的方法。由此，观察、反思和行动构成的连续循环为环境敏感性教育理论和实践发展提供了前提。特殊性深刻蕴含在教学实践中，没有教学实践也就无法实现或理解特殊性，因此，特殊性与实用性参数相互交织。

探索更加适合非英语专业学生的英语教学方法，通过教学改革在短期内提高学生的听、说、读、写等基本能力，在长期内提高学生的英语综合素养。

第四节　大学英语教学方法中的情境英语教学法

我国的大学教学工作在有效开展的过程中，一直都在追求创新。因此我国的大学英语在教学过程中也在进行不断的摸索和创新，使大学生产生仿佛置身于英语世界的感觉，在轻松、愉快的环境中积极地学习。根据实际的教学经验来分析，在大学英语教学的过程中，情境英语教学法是一种非常适用的教学方法。本节主要针对大学英语教学方法中的情境英语教学法的相关内容进行阐述。

在大学英语教学的过程中，情境英语教学法主要就是根据学生在英语学习过程中的心理特征以及年龄特点，进行针对性的教学，我们在英语教学的过程中针对性地指出反映论的具体认知规律，同时在英语教学的过程中结合相应的教学内容，有效地应用形象内容来对英语教学情境进行创设。这样能够让较为抽象的英语教学语言成为生动的可视英语语言。

通过情境英语教学方法来让学生在学习英语课程的过程中更加深刻地了解英语思维、英语口语以及英语感知。根据实际的情境英语教学方法分析，情境英语教学方法的主要特点如下：能够有效地融合语言、行动以及创设的情境，让英语教学更加的直观、更加的趣味以及更加的科学。目前情境英语教学在我国的大学英语教学中已经在逐渐的应用以及推广，根据目前的情况来看，效果非常显著。因此情境英语教学方法也为我国的大学英语教学带来了非常积极的效果。

一、在大学英语教学中情境英语教学方法的主要理论来源以及相关依据

（一）情境英语教学方法理论的具体来源

在教育领域中，情境教学这一理论在20世纪70年代就已经提出并且应用，目前情境教学模式已经成为语言课程教学工作过程中的一项重要教学理论。我国情境教学的主要来源在于结构主义教学语言理论。这一理论认为如果我们将口语作为语言教学的基础，其教学结构的核心必然是语言的表达能力。我们在语言教学的过程中，就是在为学生创造有效的学习语言的条件，让语言学习的方法同以后的交际实践有效结合起来。在语言教学的过程中，我国大学语言教学中的英语教学占有非常大的比重，英语教学在实际的教学工作中就是学生学习语言交流能力的过程，大学生在学习英语的过程中，能够根据学习的过程以及学习的积累对英语的语言知识以及语言技能、英语的特点进行详细的了解和掌握。

（二）情境英语教学方法理论的相关依据

在大学情境英语教学的过程中，教学依据主要有三个。首先是我们在情境英语教学的过程中，要根据大学生的年龄以及心理特点进行针对性的情境英语教学。目前的大学生在年龄分布上以90后居多，但是其中不乏00后，这一年龄段的大学生在对知识的渴望上非常积极，具有很强的知识求知欲望。情境英语教学方法正是有效地利用了这一特点来对大学生的创造能力以及形象能力进行充分的挖掘和调动；其次是我们在情境英语教学的过程中要掌握英语语言的习得规律。大学英语的教学工作并不是从语法以及单词上进行知识的掌握，英语教学的重点应该让学生在英语语境中习得，让学生在英语应用中习得。最后我们在情境英语教学的过程中要有效依据大学生的实际学习规律进行教学。我们在进行情境英语教学的过程中能够通过情境再现，有意识地对大学生的英语学习积极性进行调动，能够有效挖掘大学生学习英语过程中的心理活动，这样才能够有针对性地让大学生在一种较为轻松、愉快的环境下学习，能够充分地发挥出大学生的学习积极性以及学习创造能力，让大学生在情境英语教学的过程中全身心地投入到英语教学活动中来。

二、大学英语教学中情境英语教学方法实施过程中的主要作用

（一）情境英语教学方法能够有效地适应并且迎合当代大学生的认知学习规律，能够有效地提升大学生的课堂教学效率

在教学工作中，要充分认识到兴趣是最好的老师这一教育理念。目前我国的大学生以90后、00后为主，这一年龄段的学生在知识面上、在信息的获取上、在性情的开发上都有非常大的优势。根据大学教学工作的总结来分析，目前大学生的主要特点是有主见，在知识接受上很难实现强制性的教学，同时对于灌输式的教学模式也非常排斥，更加重视自身对新鲜事物的感受，能够很快接受新鲜的事物和知识，但是其承受能力较差，在面对挫折时容易产生悲观情绪。我们在英语教学的过程中要充分了解和掌握目前大学生的特点，在英语教学中应用情境英语教学方法能够有效地引导大学生的积极性和主动性，能够让英语教学在一种轻松的环境下进行，这就从根本上改变了传统的英语教学方法，在很大程度上提升了英语教学工作的教学质量和教学效率。情境英语教学法在实施的过程中，可以通过模型、图片、实物等方式，充分利用表情、手势以及相关的动作来进行英语的情境教学。在情境英语教学过程中，我们常用的辅助教学工具为计算机，通过这一教学辅助工具能够有效地实现英语教学内容扩大化，信息多样化、趣味化。目前在大学英语教学过程中网络以及多媒体的应用更是丰富了情境英语的教学内容，让英语情境更加生动形象地展现在学生面前，更加具体地展现英语教学情境，有效地提升英语课堂的教学效率。

（二）情境英语教学方法能够让大学生在英语学习的过程中养成勤于动脑、敢于开口、乐于动手的英语学习习惯

根据相关的数据统计，我国的大学生有很大一部分在大学时期就已经通过英语四级考试以及英语六级考试，这能够从一个方面显示出目前大学生还是有一定的英语水平的，但实际上在现实的生活以及日后的工作中，很多大学生都有不敢开口、不会书写的问题，这一问题的出现不仅仅是学生自身的问题，也是我国大学英语教学工作的问题，更是我国大学英语教学应该重点改善和处理的问题。目前我国的英语教学在进行的过程中没有给大学生有效地搭建起口语交流以及书写交流的教育交流平台，没有在英语教学之外创设实际演练场景，这些是造成这一问题的主要原因。但是随着情境英语教学的逐步开展和实施，这一问题得到了很好的改善和处理，就目前的情况来看，教学效果还算喜人。

（三）情境英语教学方法能够有效地丰富大学生的课外生活以及互动，能够让英语教学以及学习有效地延伸

语言是交际的工具，它具有实际性和交际性。实际生活是语言学习的试金石。英语的情境教学必须由课内延伸到课外，把学习迁移拓展到我们的生活中。大学教师要设法增加大学生的语言实践机会，帮助大学生在实际生活中创造英语环境，鼓励大学生大胆开口，

敢于大声和老师用英语打招呼、交谈。鼓励他们尽量用所学的常用表达方式和同学相互问候、对话。

除了上述三点之外，情境英语教学方法能够在很大程度上推动大学英语教学的教育改革，能够完善英语教学的教育模式。

在英语教学中运用情境教学，既能活跃课堂气氛、激发大学生的学习兴趣、锻炼大学生的语言能力，又能培养大学生的思维能力和空间想象能力，还能使大学生产生仿佛置身于英语世界的感觉，在轻松、愉快的环境中积极地学习，从而为大学生在以后的工作中应用英语奠定良好的基础。

第五节 构式语法与大学英语教学方法创新

认知语言学产生于 20 世纪 80 年代后期，是在反对主流语言学转换生成语法的基础上，融合了语言学、心理学、人工智能等多个领域的知识而逐渐形成的一门语言学分支学科。随着认知语言学的发展、相关研究的增多，开始出现一种新的语法理论，即构式语法。虽然构式语法没有脱离认知语言学的范畴，依旧是批判形式语法，但其强调语用和功能，基本上可以看作一种新的研究学派。构式语法最早在外国提出，国内起步较晚，且最开始用于研究汉语特殊句式。随着世界一体化格局的形成，英语越来越重要，相关教育研究备受重视，各种创新层出不穷，构式语法具有很强的实践性，与国人的认知心理相符，在英语界迅速传播，到今天已成了一种很重要的语言研究方法，对促进大学英语创新发展有着重要的指导意义。

一、何为构式语法

（一）概念

从构式语法的形成来看，其可分为几个阶段，如 Bloomfield 提出的 construction，指的是抽象意义上的构造形式。后来，Lakoff 开始使用"语法构式"一词，基本可看作是构式语法的初期阶段，而且他间接表明了构式是形式和意义配对的理念。20 世纪 90 年代中期，Goldberg 给出的定义在界内最流行、认可程度最高，即当且仅当 C 是一个形式——意义的配对 $\langle F_i, S_i \rangle$，且形式 F_i 的某些方面或意义 S_i 的某些方面不能从 C 的构成成分或从其他已有的构式中得到严格意义上的预测，C 就是一个构式。2006 年，Goldberg 对此概念做了修改，"任何格式，只要其形式或功能的某一方面不能通过其他构成成分或其他已确认存在的构式预知，就被确认为一个构式"。

从其概念中可发现，构式语法强调形式和意义之间的配对，而且构成的部分不能推导出整个构式的意义。换句话来说，构式是一个整体，除了具有其成分的形式和意义外，还具有延伸的形式和语义，取得的是"1 + 1 > 2"的效果。

（二）特点

在构式语法被提出之前，生成语法十分流行，其认为组成格式的词汇的意义组合决定了格式的全部意义。这也就是说，句子有意义，但句子格式没有意义。而构式语法则对此提出了反驳，认为句法格式本身也有独立的意义，不同的句法格式具有不同的构式意义。此外，构式语法也反对模块论。模块论是一种自下而上的研究方法，可概括为"词素—词—词组—短语—句子"，需要先研究词汇，进而推导句子和篇章的意义。构式语法则相反，它采取的是一种自上而下的研究方法，把句式看成是整体结构。比如一些图式结构、半固化块状结构，并没有语法规律可言，最好的方法就是以整体的形式存储在记忆中，需要时可直接提取使用。可见，语义和语用在构式语法观点中不可分割。

（三）教学内容

构式语法的教学内容包括形式和意义两大部分，前者具体是指形态、语音和句法特征，后者具体是指语义、语用和语言功能。总之，构式语法着重于语言的功能性研究，形式和意义（功能）之间存在的对应关系，即象征对应连接链。比如"What a clever girl！"是一个常见的感叹句构式，由 what，a，clever，girl 几个词汇构成。其实，这是个省略句，整句应该为"What a clever girl she is！"按照构式语法加以分析，整个构式表达的意义不是某个组成部分所能概括的，也不仅仅局限于句子本身的语义，还有延伸出来的部分。我们可以翻译为"她是个多么聪明的女孩啊！"或者直接译为"多么聪明的一个女孩"。但受语境的影响，其语用特征并不相同，既可以表达真切的夸赞，又可以表示是超乎预期想象而发出的惊叹，甚至可以在反语语境中出现。

二、构式语法对大学英语教学方法创新的启示

（一）理念和理论的创新

树立创新意识，转变英语教学理念。构式语法是对转换生成语法、模块论等传统语法理论的批判，强调语言的形式和意义是一个整体，不能分割，一旦分隔开来，就无法表达出原来的效果。同时，对过去自下而上的研究方法进行改善，实行自上而下的教学模式。教师应抛弃过去通过分小类和分析词类序列区分和教授不同句式的教学方法，而应向学生强调句式整体意义的把握，寻求形式与意义的同时习得。将构式作为整体来教，鼓励学习者同时注意形式和意义，一并输入构式的音系、句法和语义特征；英语教学应该从过去强调句式形式的教学法过渡到强调把握句式整体意义的教学法，实现自上而下的讲解与自下而上的总结相结合，归纳教学法与演绎教学法并重。

（二）遵循由易到难的原则

人们在认识世界的过程中，总是遵循由易到难、由表及里的原则，先了解表面和普遍性，随着积累和感悟的增加，才能发现更多问题，进而深入探究，逐步加大难度，使知识的广度和深度都不断拓展。

构式语法有难易等级之分，在复杂的构式语法中，常常有子构式、母构式。如果有多个母构式，由于特征不同，极易产生冲突，最终体现在具体的构式中，即子构式。以双及物构式为例，"What did Lucy give his brother？"按照正常句式，双及物的宾语应该在动词之后，而在特殊疑问句中，原来的宾语做主语，则放在了句首。

在语言学中，形式有无标记、有标记之分，前者指的是共同的特点，后者侧重于特殊情况。而且，后者的学习难度要高于前者，形式相对较为复杂，在实际中使用的频率较低。所以，教师在教学过程中要遵循此类原则，从简单开始，逐步增加难度；从无标记形式学习开始，慢慢过渡为有标记的特殊形式。

（三）形式意义同等重要

与转换生成语法等传统理念不同的是，构式语法强调形式和语义的结合，两者之间存在某种对应关系，不同的形式会导致语义上的差别。在大学英语教学中，应该把形式和意义放在同等重要的地位，注意两者的匹配。

以直接和间接转述的构式为例，即便表达的意义相同，在结构形式和语用功能上也有着很大的差异。看下面两个构式句子：

I asked my mom where she would go next month.

"Mom，where are you going next month？" I asked.

由此可见，直接转述和间接转述的形式、语用都不同，前者的重点在于发音和措辞，后者的重点在于表意，是想令听的人明白自己的语意。

（四）导入背景文化知识

前面已经提及，构式语法属于认知语言学的范畴，人们的语言能力是认知能力的一部分。学习英语的过程中必须有足够的语言输入，加上自己的认知和体验，才能逐步掌握这门语言。在英语中，有很多特殊句型和固定短语，往往并没有传统的规范性的语法规律，很难用已有的理论分析。即便在教学中，教师也常常会以"这是固定用法"为借口，所以学习语言其实就是一种认知活动，面对无规律可言的句式，便需要记忆背诵，存储足够的语言输入，需要时直接使用即可。

大学英语很容易忽视英语背景文化知识的导入，任何语言都是在一定的社会文化环境下形成并发展起来的。英语也不例外，在教学中应该注重文化背景的介绍，鼓励并引导学生了解足够的国外文化历史、风俗习惯等，这样在遇到俗语、俚语、谚语时，才能正确理解其意思。教师可推荐一些英文歌曲、有英语字幕的电影、介绍西方国家历史文化的书籍杂志。

（五）母语和英语的对比

汉语是我们的母语，英语作为第二语言，一些大学生往往觉得很难。随着教育改革的深入，很多新方法、新理念被相继提出，关于母语和英语关系的研究越来越多，希望能够找到高效的途径，尽快提高学生的英语应用能力。在这种背景下，容易出现两种极端，一种是以母语为本，用母语教英语，结果出现了汉式英语。如"不管怎么说，我已经赢了"翻译为"No matter how to say, I win already"，而实际上英语应该表达为"Anyway, I have won"。另一种是太过注重英语，甚至要求在学习过程中忘记母语。这种观点显然不合理，而且不太可能实现，我们生活在母语环境中，每天都在用母语跟人打交道，岂能说忘就忘？

笔者认为，最好的教学方法是将两者进行对比，把它们之间的异同点讲清楚，这对学习母语和英语都大有益处。因为我国和西方国家历史文化背景不同，语言系统的形成、演变和发展有着很大差异，比如汉语中没有冠词，表示数量多时不用衍生词缀。举个简单例子，汉语中习惯了说"两头猪"，但英语只需翻译成"two pigs"，而不能译为"two head pig"。

此类差异还很多，在不熟悉英语构式语法之前，不能盲目地将其套用在汉语结构中，也不能根据汉语的句式结构直接翻译。所以，教师必须重视两者的对比，既要了解汉语语言系统，又要学习英语语言系统，只有这样才能降低语法错误率。

构式语法对传统的模块化理论进行了批判，强调构式的完整性，形式和意义两个构成部分应该结合，不能分割。因为研究的是语言形式、语义和功能的结合，所以在抽象句型中能够加大解释力度。总之，构式语法为英语教学和英语理论研究指明了新方向，具有很多优势，可以在大学英语教学中加以借鉴，比如转变教学理念、重视中英文对比等。但同时构式语法存在局限性，如果构式数量太多、构式间的联系容易被忽略，这说明今后还需加强此方面的研究，大学英语的教学方法也应不断完善。

第六节　"互联网+"背景下的大学英语教学方法

随着科学技术和智能手机的高速发展，互联网慢慢融入人们的生活，人们的生活已经离不开互联网和智能手机。"互联网+"是一种新兴的教学模式和方式，越来越受人们的欢迎和青睐。"互联网+"教学模式和传统的教学模式有很大的不同,其充分利用学生的课余时间,既让学生在网络平台上学到知识,也能够让学习变得更加灵活,让学生对学习产生更多兴趣。因此,本节对"互联网+"背景下的大学英语教学方法进行研究,对这种新型的学习方法进行探讨,并研讨怎样使"互联网+"教学方法得到更大的提升,从而为学生的英语学习提供更好的服务。

一、"互联网+"在大学英语教学中的优势

在新课改的大背景下,大学英语的教学课时被严重压缩,由于不同的学生对英语教学的需求不同,学生自身学习英语的基础和能力也不尽相同,知识结构不够全面,导致使部分学生的英语学习得不到满足,影响了部分学生学习英语的积极性,因而这些学生的英语成绩难以得到相应的提高。

(一)"互联网+"有利于提高大学生的英语写作能力

大学英语的学习方法和高中初中英语的学习方法是完全不同的。在我国初高中教学中,由于受应试教育的影响,教师最重视的是提高学生的学习成绩,所以在教学中以词汇教学为主、语法教学为辅,由于写作在考试中所占的分数较少,所以往往不是初高中英语老师的教学重点,这就导致了"英语写作"成为很多学生的学习短板。但是大学英语教学中,由于四、六级考试及学生未来就业的要求,所以对学生的英语写作能力要求较高。在大学英语学习中,展开"互联网+"大学英语教学方法,老师可以在有限的课堂教学中对大学英语写作的技巧进行讲解,然后通过"互联网+"给学生布置英语写作作业,让学生利用网络完成写作作业。"互联网+"英语写作平台很好地弥补了大学老师不能逐一修改学生作文的缺憾,可以让学生利用互联网经常写作文、改作文,达到提高大学生英语写作水平的目的。"互联网+"的出现满足了大学生对英语写作的学习要求,提高了学生学习英语的积极性,用灵活的教学方法提高了学生的英语写作能力。

(二)"互联网+"有利于提高大学生英语阅读理解能力,增加学生词汇量

我国初高中英语成绩的提高主要以语法和词汇量教学为主。但是,在初高中阶段,学生英语的词汇量非常有限,到了大学之后初高中积累下来的英语词汇量远远不能满足大学英语的学习需要,大学更加偏向于应用型英语的学习。在大学学习阶段,英语阅读是增加学生词汇量的最佳方法,因此英语阅读和词汇学习是相辅相成的。然而,大学英语教学上课时间非常有限,不可能让学生在有限的课堂上做大量的阅读理解。"互联网+"的出现,完美地解决了这个问题。学生在课余时间利用"互联网+"进行英语阅读,一能提高学生的阅读理解能力,二能在做题的同时增加词汇量,这样有利于大学生的英语学习,大大提

高了大学英语四、六级的通过率。随着全球经济一体化和科技的迅速发展，英语作为国际通用语言，起到了越来越重要的作用。因此很多工作单位在选拔人才时，很看重大学生的英语成绩。因此利用"互联网+"提高阅读能力和增加大学生的英语词汇量就显得尤为重要。

二、"互联网+"背景下大学英语教学模式的开发与实践

"互联网+"主要分为网内资源和网外资源两种方式，这两种方式各具特色。在大学英语教学工作中，只有将这两种方式结合起来，才能对大学生的英语学习产生最佳效果。在许多地方高校大学中，对各类资源都实行了信息化的管理，学校的内网服务器中也存储着大量的英文阅读文档，方便学生查阅的时候寻找。相对于外网资源来说，内网资源中的阅读文档更适合正处在英语学习阶段的大学生进行阅读，而且每篇文章的后面都附有阅读作业，可以使学生进行针对性的学习与训练。"互联网+"网外资源更加丰富，现在有很多利用互联网进行教学的方式，比如对于英语教学来说，大学生可以利用QQ和微信等资源和英语老师积极地进行学习交流，有不会不懂的问题或者学习英语方法有问题时可以第一时间和老师取得联系并讨论；有很多词汇软件，里面内容丰富精彩，例如"有道""牛津"等在线词典除了给学生提供查单词的功能之外，还有很多新功能，如"每日一句""美文鉴赏"等，给学生提供了丰富多彩的学习方法；现在在"互联网+"的支持下，出现了很多大学英语教学直播平台，大学生可以通过网络直播学习英语，也可以事后下载观看；可以让大学生利用闲散的课余时间，加强对大学英语的学习。这些"互联网+"背景下的大学英语教学新方式是英语课堂教学很好的补充。

全球进入了网络时代，教育改革引发了大学英语教学的不断改变与更新，"互联网+"作为一种新兴教育模式正在受到越来越多的重视与追捧，它着重培养大学生在英语听、说、读、写等方面的能力，增强大学英语的教学效果，"互联网+"背景下的大学英语教学的新时代已经到来！

第七节 在创新创业背景下浅谈大学英语的教学方法

随着经济的进步和科学技术的发展，当今社会教育行业的竞争十分激烈，因此社会需要的是高素质的优秀人才、全面发展的人才。自毕业考试实施以来，考试的压力使传统的教学模式在大学时期尤为突出，这极大地削弱了学生学习英语的积极性和自主性，因而学生的实际应用能力得不到提高。

一、创新创业背景的特点及其优势

创新创业教学法是融合了探究教学法、任务驱动教学法及案例教学法等多种教学法的特点，并且以行动作为导向的一个学习过程。因此在项目教学法中，教师已经不再是知识的传授者和灌输者，而是学生学习过程中的引导者、指导者和监督者。引导学生走在健康的人生道路上，指导学生运用正确的方式方法，达到事半功倍的效果，监督学生的日常生活与学习。同时教师还可以将与主题有关的各种项目纳入学习者的知识构建体系中，从而构建一个全面系统的知识体系。而学习者还可以以小组合作和个人探究的形式将理论应用到实践中，从而进行"意义建构"。这种自主地进行知识建构的方式，不仅锻炼了学生的各种能力，还使学生获得了知识与技能。在老师的引导、指导和监督下，让学生积极地去探寻知识，在这个过程中，锻炼他们的各种能力。

二、创新创业在大学英语学习中的应用

（一）大学英语新课标的教学目标

根据大学英语教材的编写，大学英语课程是以应用为目的，培养学生的实际应用能力包括听、说、读、写的专业能力和合作探究的基本能力等等。

例如，人教版大学英语教材有三个单元，而每个单元又有六个板块，每个板块都有不同的目标。单元的第一个板块是 Welcome to the unit。这部分有生动图画和相关问题的内容，可以激发学生已有的与本单元有关的知识，从而让学生能够轻松地学习本单元的知识，顺利地构建本单元的知识。而且这部分知识还与实际生活和社会发展息息相关，可以锻炼学生的口语表达能力。接下来是 Reading 板块，这部分的内容是学生接受语言信息的关键环节，有助于学生掌握英语阅读技巧，提高英语阅读能力。学生通过大量的课外或者课本中的阅读让自己了解到更多新奇的事物、学习到新的文化。学生还可以通过合作讨论来提高解决实际问题的能力，同时让学生有机会感受真实、地道、优美的英语，让学生了解到现实生活和社会发展中的方方面面。

（二）项目教学法在高中英语教学中的应用

首先，要分析教学目标，确认项目的任务。大学英语教学重点其实就是要掌握并学习好基础知识，然后提高听、说、读、写等专业能力和实际应用能力。从上面的叙述中可以把每个单元看作一个总的项目任务，然后确定任务，比如教师对所需要完成的语言知识、背景知识进行简单的输入，然后讨论、分析出项目学习目标和需要解决的问题。因此在这样的课堂上，教师不再是知识的灌输者，而是学生学习过程中的引导者、指导者和监督者。

其次，根据项目任务，制订项目计划。学生在明确了教学目标之后，根据项目任务，分组讨论并制订出一份合理的、完整的、可实施的项目计划，从而确定工作步骤和工作程序。比如人教版高中英语 Project 这一部分中，学生根据项目任务制订的项目计划：第一步是分组先阅读 Project 的两篇文章，结合本单元的内容进行分析得到启示；第二步是每组选择适合自己的主题；第三步是每组为自己的报告收集资料；第四步是每组的报告要发给老师并予以指导；第五步是在英语教学课上，每组代表要上台展示自己的报告，由其余小组给予评价；第六步是学生进行自我评价、自我分析、自我检索、自我提升。这样的教学方式不仅充分调动了学生的积极性和自主性，而且还锻炼了学生的各项能力，促进了师生之间、学生之间的交流。

最后，分成项目小组，实施项目计划。在确定项目任务，根据项目任务制订项目计划之后，学生就可以成立项目小组共同实施项目计划。但是需要注意的是每个组都要有一个组长，组里成员也都要有明确的分工，以防混乱，导致耗时耗力。

总之，在创新创业背景中，英语学习过程成为英语学习者的参与创造实践活动，注重的并不是最后的结果，而是中间的过程。学习新知识的乐趣，完成项目任务的成就感，体验创新的艰辛和快乐，同时也培养了自身分析问题和解决问题的思路和能力。项目教学法在大学英语教学中的作用巨大，为学生以后的英语学习打下坚实的基础，这种教学方法还对学生的考试有很大的帮助，推动了英语教育事业的发展。

第三章 大数据时代高校英语教学的理论研究

第一节 大数据时代下高校英语教学改革

现阶段人类社会迎来了大数据时代，教育大数据的到来给目前高校英语教学造成了很大的冲击和影响，与此同时也给高校的英语教学带来了一定的机遇。因此，高校英语教学应该顺应时代的发展，积极探索改革路径。教师可就大数据时代高校英语教学改革进行探析，先介绍大数据时代的特点，阐述教育大数据对高校英语教学的影响，然后提出大数据时代高校英语教学改革的有效途径。

近年来，我国的信息技术在快速发展，互联网已经渗透各行各业，人们的生活、学习和工作已经离不开互联网，而互联网、物联网以及社交网络的介入让数据的增长速度越来越快，大数据时代已经全面到来。在大数据时代下，人们的生活、文化和经济都受到了巨大的影响，充分地挖掘和利用大数据是当前人们关注的热点问题。教育行业也是一样，在大数据时代背景下，教育行业也面临着改革。

随着信息产业和互联网的不断发展，各种数据的增长速度越来越快，人们的生活被各种数据充斥着，海量的数据被充分挖掘和利用以促进各行业的发展，其构成了大数据时代的基本要素。在大数据时代背景下，人们的思维方式和生活方式都发生了巨大的转变。大数据时代表现出其独特的特征，其具有更大的数据容量、更多的数据种类，并且数据的生成速度更加快速，往往在一瞬间就生成了大量的数据。大数据时代的数据价值密度更加分散，正是由于数据太过庞大，而其中具有重要价值数据所占的比例比较小，数据价值密度更加分散，这使人们对有价值的大数据挖掘和利用的难度也增加了。除此之外，在大数据时代下，大数据的呈现方式为可视化，人们可以通过直观的方式来观看和掌握大数据的变化。大数据时代的这些特征转变了人们的生活方式和思维方式。大数据时代的数据非常庞大和繁多，整体大于离散，海量数据总体的特性要比离散的特性更大，并且各种数据混杂，人们要想掌握事物总体的发展趋势，就要接受混杂的数据信息，而非一味地追求精确。大数据时代海量的数据在流通，人们更容易获取各种数据，而这就为高校的英语教学提供了新的平台，在大数据时代背景下，高校应该正确使用这一平台来促进英语教学的改革和创新。

一、教育大数据对高校英语教学的影响

教育大数据对高校的英语教学造成了强烈的冲击，成为高校英语教学改革的重要力量。从以往的高校英语教学来看，人们常常通过专家评判来判断一堂英语课的质量，从教师的课堂环节设计是否合理、各个环节之间的关联是否具有逻辑性、教学活动的设计与教学目标是否契合、课堂上提出的问题是否有效等方面来评判一堂英语课是否成功。这种评判方式虽然看起来非常合理和科学，但是却缺乏对学生上课过程中的体验以及感受的重视，一般是专家结合自己的经验来对学生的体验进行假想，总的来说往往忽视了学生的情感体验，而学生才是课堂的主体。想要真正了解学生的听课效果，还需要采用可靠的数据和技术来进行分析和评判。教育大数据时代的到来取代了专家的评课，以实实在在的数据来对每一节课的质量进行分析，教师的每一堂课以及学生的听课都会生成相关的数据，而通过对这些数据的分析，就能够了解教师的授课水平，也能够把握学生的听课效果，了解学生对课程的喜欢程度。大数据让学生的听课感受得到显现和量化，能够更加清晰地分析学生的课堂需求和对课程的学习态度，然后从学生的实际需求出发来对教学方式进行改革和创新，以取得更有效的教学效果。

二、大数据时代高校英语教学的改革途径

（一）将课上数据和课下数据融合来革新教学理念

大数据时代要想对高校的英语教学进行改革，首要的任务就是将课上的数据和课下的数据有效地融合来对英语教学的教学理念和教学思维进行革新。现阶段，大数据充斥着整个教育领域，课堂上教师的行为、语言以及学生的动态行为等都可以转化为数据，而这些数据都可以利用起来，为教学改革提供参考。但是仅仅依靠课堂上学生的行为和语言往往难以准确、全面地分析学生的成绩以及对英语课程的态度。除此之外，还要充分利用课下数据，加强对学生日常活动提供数据的分析。例如，可以搜集学生访问网络的数据分布来分析学生在线学习的行为，包括学生在课后是否会访问英语相关的学习网站、一般访问哪种类型的学习网站、在学习网站上停留的时间等。进行秒级采集，并且对相关的数据进行分析，同时实现课堂上以及课后数据的采集分析，对学生进行多角度和多层面的评估，以此来帮助教师更全面、准确地了解学生的喜好，把握学生的英语学习态度、英语学习兴趣以及英语学习风格等，为课堂教学活动的设计提供参考。

（二）实现教学资源的立体多元化转变

在传统的高校英语教学中，课堂教学内容主要是以教材上的资源为主，教学资源比较

单一,并且十分有限,英语教学倾向于各种机械训练,教师不注重学习资源输入的多样化。在这种教学模式下,学生的学习效果往往难以得到有效的提升,学生的学习主动性受到了严重打击,并且英语应用能力也难以得到显著提升。而在大数据时代背景下,教师可以充分利用网络上的各种数据和资源来丰富英语学习资源,使学生的英语学习资源多样化,拓展学生的视野,让学生多学习课本以外的知识,还能够有效地激发学生的英语学习积极性,培养学生良好的英语学习兴趣。在大数据时代,教师可以将大数据库中的影音、数据、图像等学习资源灵活巧妙地融入英语教学中,通过多样化的学习资源呈现方式来吸引学生的注意,激发学生的兴趣。总之,大数据时代让高校英语的教学资源更加丰富,学生不仅能够从教材中学习到固定的资源,还能够利用互联网学习更多的英语国家本土文化,并且可以通过视频、音频、图片等多种方式来获取资源,促进高校英语教学和社会的有效结合,以此来拓展学生的学习手段。

(三)实现多种教学模式的应用

在以往的高校英语教学中,教师一般采用传统教学模式来开展英语教学,教师在讲台上讲解相关的知识,学生在座位上听讲,这种教学模式存在很多弊端。而在大数据时代背景下出现了各种新的教学模式,主要包括翻转课堂、微课和慕课等,教师可以灵活地将多种教学模式应用到英语教学中,以此来改革英语教学模式,营造现代化的高校英语教学课堂。翻转课堂、微课和慕课是大数据变革教育的重要体现,这些教学平台可以通过海量的数据将学生集合在一个课堂上,促进师生之间以及学生之间的有效互动,同时也能够实现学生和机器人的互动。在大数据时代,高校英语教师应该充分利用各种高效的技术手段和多种教学平台。从实际情况来看,使用大数据来支持多媒体教学的英语教学已经占据了很大的比例,充分利用大数据来开展英语教学能够吸引学生的注意,激发学生的兴趣,让学生对更具有活力和更新鲜的大数据支持下的教学模式保持高涨的热情,而这也是高校英语教学的重点内容。

高校英语教师应该学会利用各种教学工具和模式为自己的英语教学提供帮助。高校英语教学的目标只有一个,那就是帮助学生熟练掌握英语这门语言。想要实现这个目标,教师必须利用一切可以利用的资源和教学工具,法无定法,目的只有一个,就是教会学生掌握真正的英语本领。世界上最高的学问不是学问本身,而是使用学问的学问。教师要让学生充分认识到英语是一门实用性比较强的语言,需要在现实中经常使用,才能真正掌握这门语言。

(四)整合数据实现个性化教育

大数据时代,高校英语教师还可以整合相关大数据来实现对学生的个性化教育。在大数据的英语教学中,人们对每一个学生不再采用平均的标准来衡量,教师也不能简单地应用平均水准来教学，而是应该关注个体，实现教学个性化。现有的高校英语教学是以一个班级为单位来进行的，个体需要服从群体，习惯采用平均数来教学。而大数据能够帮助教师了解学生更多、更准确的细节，将每一个学生的学习轨迹都记录下来，加强对每一个学生学习行为的分析，从而预测学生的学习难点，并且针对个体提出对应的解决方案，这样就能够实现每一个学生的个性化学习，真正做到因材施教，以此确保每一个学生都能得到提升和进步。

每个学生都有自己独特的地方，高校英语教师应该充分发挥他们的特长。以前由于技术的限制，高校英语教师不能很好地实施自己的个性化教育和教学。大数据时代下，教师完全可以利用大数据的优势，发掘每一位学生的优势和不足，根据每一位学生的具体情况制定相应的个性化档案，以确保每位学生都能在原有的基础上取得进步，而不是在课堂上浪费时间，学习已经掌握的英语知识，那样的学习是没有效率可言的。

现阶段，人类社会已经迎来了大数据时代，教育大数据对高校英语教学带来了重大的影响，给高校英语教学改革提供了重要的途径。在大数据时代，应该充分地挖掘并利用大数据，将课上数据和课下数据融合来革新教学理念，并实现教学资源的立体多元化转变，不断地丰富英语教学资源，将慕课、翻转课堂以及微课等基于大数据支持的教学模式灵活应用到英语教学中，丰富教学模式和教学手段，提高教学质量。除此之外，还可以整合各种数据来实现对学生的个性化教育，真正做到因材施教。

第二节　大数据高校英语翻转课堂教学模式

大数据时代下信息技术迅猛发展，颠覆了传统的教学模式。通过互联网与精确化数据，课程改革与新技术不断寻求整合，产生了较好的教学效果。作为一种新兴的教学模式，大学英语翻转课堂教学具有独特的优势，同时在运用过程中也暴露出一些问题。本节基于大数据视角，阐述了大学英语翻转课堂模式及特征，对比了翻转课堂模式融入高校英语教学的优缺点以及线上网络学习资源现状和大学英语教师角色转变的问题，最后从学生、学校和教师三个角度探究了优化高校英语翻转课堂教学质量的对策与建议。

随着互联网的普及，智能化、数字化技术与教育领域深度融合，翻转课堂教学模式应运而生。作为一种新型的授课模式，其在大学课堂教学中的应用广泛。传统高校英语教学存在着不同程度的通病，导致学生的学习积极性下降，往往费时低效，教学质量始终参差不齐，教学效果难以有重大进展和突破。在大数据时代背景下，翻转课堂符合时代特征和要求，教学资源更加丰富，分享机制日趋健全，尤其是在学校的大力支持下以及成熟网络技术条件的保障下，能够充分赋予学生的学习自主权和探究权，突显了双向性、民主性和交流性，带来了全新的教学体验，最终实现知识的全面内化。

一、大数据背景下高校英语教师转变角色的必要性

现阶段高校英语教师的教学定位。目前，大多数高校英语教师拥有课堂的绝对主导权，以教师直接讲授为主，而学生处于被动的地位。教师作为教材的跟从者和演示者，英语教学模式单一，网络技术应用不纯熟，按部就班地讲解课本，很少会为学生补充感兴趣的内容。教师是课堂的主讲人，久而久之成了知识的传输者和讲解者，学生在单调的语言环境下，难以身临其境地进入自己思考的空间，对待差异化学情也无法实现量体裁衣。在课堂活动的组织过程中，甚至还在延续板书、录音机和幻灯片等有限的固化模式，这不仅缺乏氛围，还会让学生产生抵触情绪，记忆和学习效果自然就差强人意。而在作业本和试卷的评价环节，传统发布指令者的方式，规划性和有效率都难以保证。

翻转课堂下教师逐渐转变角色定位的紧迫性。由于高校英语教师教学定位存在诸多不足，导致教师的主体性过强，主要体现在专业知识和系统教育的灌输，学生个性化创造力的开发教育受到制约，统一模式的推进无法做到因材施教。同时教师偏重知识传授，程序性知识相对较少，创新意识与时代发展日渐脱离。此外评价标准单一，依然延续应试教育的约束，导致学生实践能力严重不足。尤其是对新技术应用缺乏深度认知，新型教学模式不够普及，使得教育的定义被锁定，教学活动的开展没有综合考虑到学生的需求以及就业情况。

二、大学英语翻转课堂模式

翻转课堂的内涵及特点。众多学者对翻转课堂的诠释并不统一，主要来源于表达方式和界定角度的不同，但从实质上来讲，翻转课堂的内涵以及实施过程却趋于一致。一方面，学习知识到内化知识的流程依然是主旋律，无论如何创新，翻转的是结构而不是流程；另一方面在师生角色的转化过程中，教师向引导者身份转变，而学生的主体地位得到了很好的诠释，积极主动的学习成为常态，师生课堂交流、互动进一步深化。翻转课堂与微课等网络教育模式不同，学生吸收知识依然需要课堂交流互动来得以保障。

翻转课堂颠覆了传统教学模式，重新规划了课堂内外的时间。首先遵循以学生为中心的原则，对学生的基础情况进行摸查，制作开发和选择相应的教学资源，学生通过课前自主学习的方式，开展交互式学习机制，形成了个性化学习氛围，以网络信息平台为基础，依托课堂展示学习成果，有效地利用现代信息技术的价值和优势辅助学生完成知识内化。师生角色和职能的转变，对培养学生自主学习能力极为有利，不仅符合语言教学的趋势和实际需求，而且学生的积极性将会极大增加。

翻转课堂教学流程。翻转课堂教学模式的共性在于可以按照时间维度和空间维度进行

划分，其中前者包括课前和课中或课下和课上，而后者则覆盖网络自学或面授方式。在颠覆传统的课堂教学氛围下，学生事先借助网络平台或移动终端的智能学习工具进行自主化学习，之后在课堂上教师根据学生集中出现的问题组织合理的教学方式开展协作化教学，同时兼顾答疑和成果展示，最后完成后续跟进的评价和反馈。其中，学生自主学习的重要性不言而喻，需要学生具有很强的自律性，当然教学资源也要能够引起学生的兴趣和共鸣，要充分考虑学生的需求，将学生作为整个课堂的中心。

三、翻转课堂教学应用于高校英语教学的机遇与挑战

优势分析。翻转课堂教学模式的知识呈现方式更加新颖，利用微视频、微课件结合新知识资源，不仅更加灵活和个性化，而且精选或精心制作的课件可以更有效地激发学生的学习兴趣，教师重复教学的负担也得到了有效缓解；由于教学以学生为中心，因此形成了协作式课堂学习活动的新机制，潜移默化地提升了学生的实践与创新能力，提供了更加充裕的个性化学习创造力条件；基于翻转课堂教学模式的教学特点分析，知识的传授主要在课前实施，在相对自由的学习环境下，既可以满足学生的个性化学习体验，同时还可以助力大学生自我调控能力的生成，而且可以同步咨询求助或搜索问题的难点。此外大学英语教师综合素质较高，信息技术应用能力也是出类拔萃，拥有良好的互联网信息技术、网络教学资源开发以及快速接受新兴事物的能力。

劣势分析。翻转课堂在我国高校应用和推广时间并不长，尤其是在英语教学当中大范围应用并未取得广泛的实践经验成果。一方面，源自教学视频选择与制作有不同程度的难点，需要高成本的支撑。而且本身授课对象就是大学生群体，翻转课堂内容及制作与教学的相关性较小、简单的教学视频学生不认可，高质量具有特色、实效的系统教学视频又要花费较长的时间和精力，需要团队协作支持。另一方面，翻转课堂教学模式与高校英语教学的兼容性依然有待于进一步的研究和总结。英语学科属于文科类，考虑本学科知识的系统性与结构性，微视频的制作与其他理科类课程相比还存在一定的差距，如何设定翻转课堂的比重以及制作何种类型的微视频，都需要在借鉴过程中遵循本身的特点，不断地进行尝试和改进。

机遇与挑战。高等教育信息化是社会发展的必然趋势，而且一系列相关教育政策法规的出台，也表明了国家对教育领域应用互联网技术的重视和决心。解读《教育信息化十年发展规划》以及《国家中长期教育改革和发展规划纲要》可以得知，翻转课堂教学模式将会成为今后教学的主流应用形态。此外慕课教学的兴起以及大型开放式网络课程的深入人心，不仅可以分享其中海量的微视频和微课件，还可以随时随地进行自主式探究学习。

然而，受传统根深蒂固教育观念的制约，翻转课堂的开展并不是一帆风顺的。其中不仅仅是教师难以在短期内改变自身的角色定位，而且学生也不会完全适应离开教师主导的

自主性学习方式。颠覆式的教学模式对大学生自主学习与调控能力提出了考验，面对无人监督以及互联网的种种诱惑因素，学习效率难以保证。此外快速发展的大型开放式网络课程以及学习时间重新分配都是潜在的影响学习效果的因素。

四、基于大数据视角的高校英语翻转课堂教学模式探究与建议

大数据时代赋予了翻转课堂线上教学新的生机，将其与传统课堂教学相结合，不仅能够集中采取针对性的交流和指导，还为学生创设了更多灵活自由的学习空间。随着高校英语教学改革的深入推进，翻转课堂教学将会得到更为优化的应用。根据大学英语翻转课堂教学的不同影响因素划分，从以下三个角度探究两者融合的最佳出路。

学生层面。大学生应该明确自身主体角色，全力配合教师的教学行为。本着对自己负责任的态度，培养自我调控能力，积极主动参与课前的各种活动。在小组作业和讨论过程中，要根据自己的实际情况；在自主学习知识内化阶段，把握节奏完成知识内化阶段的转化；在大学英语翻转课堂教学中，学生要树立主体意识，提升课堂参与度，进行自我知识建构，形成自主性知识探究动机与热情。如果遇到问题，要及时大胆地向教师提出，不断地汲取和建构积极的学习体验；在线上教学过程中，大学生还要及时督促和管控自我，应该明确学习目标，培养良好的意志力，制订和执行科学合理的学习计划，加强小组沟通与协作，拓展和延伸混合式教学模式，营造团结、互助和友爱的协作式学习氛围。

学校层面。高校要为大学英语翻转课堂教学提供坚强的后盾，提供大量精良的现代化教学设备，同时引入多元化资源平台，加强校园网络的流畅性。一方面，要特别注重塑造教育观念，打破传统教育观念的束缚，从学校指导层面引导教师更新教育观念，采取多样的协作式课堂完善线上教学平台。由于目前高校英语翻转课堂教学还处于起步阶段，很多平台还需要进一步开发和完善，为此要提升功能的可操作性和易用性，采取多种途径加强平台建设投资，完善平台的功能。另一方面，确保快速且顺畅的网络功能，为学生增加互联网接入口的数量，继续提高校园网络宽带，为开展线上网络教学提供保障服务。

教师层面。高校英语教师要在提升自身现代教育技术能力的基础上，加强对学生课前学习的掌控力度，在课前环节确保学生能够取得良好的学习效果。众所周知，课前学习效果对于英语翻转课堂具有不可替代的重要性，为了保证课堂教学的有效性，需要列出课前任务单，督促学生对照评分标准及时完成。在参与混合式学习过程中，教师应该针对学生的心理投入、努力倾向，实施个性化的线下教学。在视频和课件制作环节，要根据学生现有的发展水平，设计科学合理的提问和任务布置，把握好题目的难易程度，使学生可以获得积极的自我效能感。与此同时，教师还要继续提升现代教育技术能力，做好教学评价方式的完善工作，利用QQ、微信等社交工具对学生情感、态度进行鼓励性评价，和谐的师生关系有助于取得更好的教学效果。

总而言之，随着大数据时代的到来，高等教育信息化已成为必然趋势。高校英语课程教学应该与时俱进，积极引入翻转课堂教学模式，明确自身主体角色，调整线上资源分值比重，完善网络学习硬件设备设置和课堂评价机制，增加与考试有关的练习题，激发学生参与课堂的积极性，有效监督指导学生进行自主学习，增加课堂学习支持工具软件功能。教师则应该找准定位，提高翻转课堂教学驾驭和掌控能力，重视以人为本的理念，尊重学生的个性和认知，综合考虑各方面的因素，形成具有感染力、凝聚力的教学机制，避免翻转课堂模式流于形式，强化线下课堂师生互动效果，有效地弥补传统教学模式的不足，提高课堂教学的效率与质量。

第三节　大数据高校英语空间教学行为优化

在以网络空间教学平台为媒介的数字化教学中，教育技术不应该成为实施数字化教学的壁垒，而应该为教师数字化教学和学习者个性化学习提供良好适宜的环境。教师的教学行为主要体现在教学资源的优化、教学过程的实施、教学处方的开设等方面。教学行为的优劣决定了差异化教学效果的好坏。教师的教学行为对英语学习者的学习行为、记忆行为、表达行为产生显著影响；学习者的学习行为不断优化，使其个性化学习成为可能；师生交互行为能更好地促进教师教学行为和学习者学习行为的优化，从而实现教师教学效果和学习者学习效果的提升。

随着网络教学的进一步运用，网络教学已经经历了"以技术为主的单向传递"1.0时代、"以教学论为主导的双向互动"2.0时代、"以网络教学论为主导的全方位"3.0时代。随着大数据技术在教育领域的发展，网络教学即将进入"以数据分析为主导的立体化"4.0时代。以数据分析、教学运用、"教学处方"开设等为载体的教学行为、学习行为、教学管理行为将发生各种变化。

一、教师教学行为：差异化教学的前提

英国学者维克托·迈尔舍恩伯格在《大数据时代》一书中指出："大数据是人们在大规模数据的基础上可以做到的事情，而这些事情在小规模数据的基础上是无法完成的。"教师利用大数据分析结果，可以根据学生的个性化需求定制教学内容和进度，帮助教师找寻最高效的教学方式。具体落实在英语教学上，教师的教学行为包括观测行为、设计行为、分析行为和评价行为。

（一）观测行为：相关关系的发现

教师在进行教学反思时，总是试图寻找学生英语学习没有取得进步的"原因"，这种反思往往关注的只是事物个体特征，而大数据分析看到的往往是事物之间的关系。教师对学习者行为的"观测"，并不在于关注"怎样学得最好"，而应该关注学生的行为以及这种学习行为与学习效果之间的关系。教师根据学习者的各种学习行为特征将学生进行分类，并根据不同类别的学生，跟踪他们在网络学习空间的行为，观测他们学习不同资源和具体知识点的顺序与效果，利用资源的时间点、访问资源的频次、学习的集中时间段、学习者语音或词汇出错频次等数据来找寻学习行为与个性化学习效果之间的相关性，得出一些关联规则，并对学习者行为进行概率预测与分析。通过对实验班级学生大学英语课程学习行为的关注，我们发现：英语学习者学习英语的有效程度与学习者的母语程度存在相关性；女大学生在英语学习中表现得更出色。如果教师在教学实践中更多关注这些特点，根据不同学生的学习特点来上传不同的学习资源，分配不同的学习任务，学生就能根据自身学习情况选择合适资源进行有效学习。教师在教学中需要及时"观测"学生在课堂内外的表现，抓住学生的有效学习，并且积极鼓励学生参与教学活动，根据学生的反馈程度进行教学设计的调整与教学方式的改变。教师只有从日常教学实践中不断观测—反思—实践，才能实现自身专业成长，从而更好地帮助学生不断地提升自主学习能力。

（二）设计行为：实施教学的核心

教学设计行为是教学理念的综合体现，是教师教学方法调整、教学反馈执行与课堂教学管理改变的集中体现，是实施有效教学的核心要素。何时上传何种教学资源、课堂教学如何展现、作业布置形式等需要教师进行精心设计。目前使用网络学习空间开展教学的部分教师还停留在海量数字资源上传的"初级阶段"，教师个人空间存在"僵尸资源"，空间运用存在资源堆积、课程设计缺乏等问题。而通过大数据分析，可以发现哪些资源没有被启用，哪些资源被学生访问的频次高，以便为教师后续资源推送提供参考。

教师教学实施中资源被运用的频率、教师"诊断"学生语音、场景会话中存在的"学习盲点"并开展有针对性的教学活动状况、教师批改作业的频次与及时性等状态数据在教学空间中留下的"轨迹"，是教学管理者对教师评价的重要参考依据。教师通过平台后台数据可以观测学习者的学习状态，从而为不同学生推送个性化学习资源、开设有针对性的学习处方。教师可以根据学生的出错频次进行教学设计的改变，教师对空间的设计能力直接影响着教学实施的效果。教师对学生网络学习空间资源的数据信息进行整合和分析，了解学生个性化成长轨迹，进而为后续资源建设以及教学设计提供有针对性的建议。

（三）分析行为：预测规律的基础

一个人在看待整个世界以及世界中的所有事物时，要从物质事物转向交互作用，并把它看作一个收集和分析数据的平台。教师只有运用大数据思维来尽其所能测量、检测学生的学习行为，才能更好地发现学生做什么才最为有效。教师只有成为学生成长过程中的合作伙伴，找到学生与学习行为之间的连接点，才能更好地为学生推送有价值的学习资源。教师根据学生在课堂教学中的表现，并且利用空间动态化数据分析教学实施和教学处方开设过程的可能性规律，能为不同学生推送个性化学习资源、开设有针对性学习处方提供参考。在实验班教学中，我们发现：教师上传学习资源的时间影响资源被启用的程度。通过对这一现象的分析，我们发现：学生学习时间与教师空余时间的不一致导致教师上传的资源没有被及时启用。教师需要对这些显性数据进行分析来发现学习者的学习动机，并对这些现象进行归因分析，以找寻更有效的学习方式。

（四）评价行为：实施反馈的前提

空间学习活动"观看视频"时长、在线测试情况、参与互动频次等留下的学习行为痕迹是教师对学生学习过程评价的重要依据。教师对学生学习行为表现进行合理、客观的评价是引导学生课堂教学活动有序开展和自主学习的重要条件。网络空间学习的评价不仅要关注学生学习参与程度、专注程度，更应该关注学生在交互活动中参与的频次与效果。教师教学评价的结果及效果与评价标准的合理性和评价执行过程的客观性相关，评价过程不合理势必会影响评价的结果。尤其是小组协作完成作业时，如何界定小组成员合作的程度，如何根据小组成员的不同表现进行评价会直接影响小组协作的积极性与有效性。通过网络学习空间实施的评价更能做到"用数据说话"，教师教学评价对学习效果是正相关关系，起引导、激励、监督作用。研究表明，评价结果的使用也会直接对教师的课堂教学行为产生积极或者消极的影响。

二、学习者学习行为：个性化学习的体现

不同类型的学习者学习不同资源和知识点的顺序和效果不同，通过对学习者在空间留下的"痕迹"，可以分析出学习者掌握利用资源的时间点、访问资源的频次、学习的集中时间段、学习者语音或词汇出错频次等，通过这些数据可以了解学生个性化成长轨迹，为教师后续资源建设以及教学设计提供参考。

（一）聆听行为

与传统教学模式相比，网络空间教学能实现全面记录、跟踪不同类型学习者的不同学习需求与听力训练的情况，教师可以根据学生已有的学习基础和在空间教学中的学习行为，

了解学生动态化的学习轨迹。通过可视化的数据分析，教师可以得知学生在听力训练中匹配答题情况及答题过程，从而有助于教师在以后教学设计中进行针对性的强化训练。课堂听力教学，学生与教师之间的互动关系为听力材料播放—听力材料理解—听力练习答案核对，不同层次学生听力水平与听力需求差异较大，无法得到个性化匹配。利用大数据与自然语言算法将搜索数据与个性化需求相匹配，基于大数据的个性化自适应在线学习分析模型及实现，从而能够发现原本隐藏的学习行为信息，教师通过这些行为的相关数据实施预测或干预，用于教学评价与反馈，有利于学生听力水平的提高。

（二）阅读行为

空间阅读教学设计中"课前学习—解决问题—课堂互动—课后作业与检测"，一系列的教学行为活动形成了"催生疑问—解决疑问—应用知识"的学习过程链。大数据分析通过学生完成阅读任务的先后顺序来判断学习者对文本材料的理解程度，也可以对学生的阅读理解思维进行"跟踪记录"，以此来发现学生阅读习惯。在课堂教学过程中，教师需要对学生的阅读状态进行关注，观测学生注意力是否集中，阅读理解的目标是否达成，课堂教学中的阅读任务完成与空间阅读作业完成状态是否匹配。通过关注发现学生获取阅读材料的主动性不高，而且更愿意阅读教师上传的阅读资料，学生更愿意阅读与应试相关的材料。大多数非英语专业学生并没有坚持每天阅读的习惯，通过"打卡式"阅读学习任务单的形式更能帮助学生建立良好的阅读习惯。教师可以通过大数据分析结果，找到学生阅读中的"共性问题"，并及时进行反馈。

（三）记忆行为

对于英语学习者而言，词汇的记忆成为影响听力、阅读、写作的"障碍"，据研究发现，教师的基本语言知识与阅读教学能力相关，其中最突出的表现为：教师的词素意识最能预测其教学能力。英语学习与其他学科的学习一样，不仅仅需要投入学习的时间，更需要反复巩固所学知识。教师在教学中运用信息化技术手段能有效激发学生兴趣，激励学生积极参与小组活动讨论，通过组间竞赛、小组截图贴图、小组展示、教师点拨等环节的活动，构建多层次间的反复互动，强化学生知识运用，帮助深化其记忆行为。在大数据时代，通过网络学习平台学生可以轻松地获取常用词汇在大学英语四、六级考试中的出现频次，一些学习软件还提供了词汇在句子中如何运用的小视频。在实践教学中发现：教师对词语使用频率做了统计，词语使用频次数据高的词汇学生掌握得更牢固；教师提供了词汇学习小视频的词汇，学生学习兴趣更浓厚。因此，在教学过程中教师可以充分地利用这些数据，分析出学生感兴趣的学习内容和最有效的学习方式，在教学设计时，应尽可能利用大数据技术，丰富大学英语课堂教学技巧，为学生营造良好的学习氛围，以提高学生大学英语学习的兴趣。

（四）表达行为

教师最大的教学智慧不在于展示自我表达能力，而在于唤醒学生运用语言知识进行自我表达的欲望。英语口语表达能力的提高很大程度依赖于学生课后自主学习的时长和效率。据研究发现，学生自主性频率较低，但学生在认知与情感方面的自主性较高，而行为自主性最为欠缺，所以学生之间的行为自主性情况的差别也很大。学生英语口语表达能力的提升需要在课堂教学中进一步强化，教师应更多关注学生在课堂教学中的参与状态：小组成员是否全员参与讨论，小组汇报是否成员间轮流进行，小组汇报效果怎样，各小组表达中存在的个性与共性问题。在实践教学中发现：在小组活动中，经常进行展示汇报，积极进行质疑，主动发起讨论的学生口语表达能力提高程度显著。口语表达能力强的学生更愿意积极主动地对小组成员或对其他小组表现进行评价，且其评价相对更客观。积极参与留言讨论并及时完成空间学习任务的学生书面表达能力更强。因此，教师应通过平台及时收集学生常见的书写表达问题，根据对这些"学习证据"分析归类后，在写作教学中进行反馈与强化。

三、师生交互行为：教学效果的彰显

学习者与教师的互动行为体现在他们参与空间互动栏目的程度、参与互动交流的时间点和频次等方面。通过对教师教学轨迹、学生学习轨迹、学生空间测试数据、学生活跃度、阅读量数据、听力训练数据等之间进行关联规则，能发现教学过程中师生互动行为与学习者学习效果之间的关联性，从而帮助了解师生交流的最有效途径与时间段，为教学效果的提升提供参考。

（一）师生互动

正如世界著名教育家、哲学家弗莱雷所言："真正的教育不是通过'A'for'B'，也不是通过'A'about'B'，而是通过'A'with'B'。"师生互动是语言类教学的基本范式。空间教学使得师生互动更加便利，不受班级规模的影响，能根据学生个体实施互动交流。空间教学实现了课堂内外的"翻转"，其基本目的是满足学生个性化的学习需求，让学生得到个性化的教育，理想的翻转课堂实施的是真正的差异化教学。大数据分析则能通过对师生互动交流的时间段、交流频次的结果，发现不同类型学生自主学习规律，发现学生自主学习进度，更有助于基于个体的交流方式。研究结果表明，在教学活动中构建愉悦的课堂氛围，能够提升学生与课程、学生与教师之间的情感联系，实现良好的教学效果。师生之间通过教学空间突破时空的限制，最大限度地调节学生的学习投入。新时代大学生在"面对面"课堂上会由于羞于表达，再加上班级人数限制等问题，师生互动受限，而空间在线交流能突破时空的限制，最大限度地调节学生的学习投入，增加学生表达与师生互动的机会。教师可以根据学生在空间平台互动"学习轨迹"和课堂教学中师生交往状态的大数据分析结果，找到学生自主学习和互动交流的规律，选择更合适的交流时间段，调控共同探讨交流的机会，这样能更多地提高师生互动交流的效率。在情景学习中和协作学习活动中，师生互动效果更好。师生互动程度高的班级，学生进步程度更显著。与教师互动频次越多，在小组活动中展示频次多的学生进度幅度更大。当师生互动停留在简单的"提问"与"答问"阶段时，学生思维含量低，学生进步空间较小。通过对大学英语课堂观察发现：师生间"讨论式互动"比"提问式"更能激发学生兴趣；课前有空间互动为基础的班级在课堂讨论中学生更能积极参与；教师"开放型"提问比"封闭性"提问更能引导学生积极思考。师生互动应该集中于对"线下课堂"中出现的关键问题，并且构建深入讨论的情境，开展师生间的多向互动，才能实现有效互动。

（二）生生互动

空间教学的开放性和互动性使生生之间的交流时间和空间更加灵活，课堂教学活动得以延伸，使学生在课堂上对没有理解的内容进行深入交流。在课堂教学过程中，学生与教师的互动积极性较差，他们更愿意选择"线上"交流方式。空间教学平台为学生间的生生互动提供了便利，为那些遇到问题不愿意主动求助于教师的同学提供了更多交流机会。可以说，空间教学使"你问我答，有问必答"成为可能，使真正意义上的个性化教学、异步教学在空间教学平台得以彰显。通过对"留言板"和"讨论区"中自动文本分析，根据其关键词的出现次数来确定学习者类别，并根据人工编码，教师可以通过大数据分析结果，提炼教学重点和难点，在课堂教学中进一步强化。通过实验班的教学实践发现：由学生主导的提问，学生间讨论较为热烈，参与积极程度较高。在"作业布置"环节中，生生讨论程度高的问题是学生感兴趣的话题或者教学中的重点与难点问题。同伴之间的交往程度高，学生的学习进度程度更高。在网络空间教学这个大系统中，同伴—教师—学习资源各要素之间需要相互协作，才能发挥其最大效能。

（三）师师互动

大数据下的"合作性"学习可以是"师生"组合，也可以是"生生"组合，甚至可以是"师师"组合。教师通过网络学习空间可以共享"云资源库"的教学资源，还可以通过"教研苑""我的教研室"进行教学问题研讨。教师间的互动除了教师间如教学经验分享、情感交流等"显性"互动交流外，教师间互动还包括教学理念、教学方式的相互影响等"隐性"互动。教师通过"师师"互动能强化教学反思，帮助教师构建自己的教学观，形成个人教学风格。"师师"个体互动受"群体互动"环境的影响，能有效地促进个体专业发展和群体凝聚力。网络空间学习平台为教师间的"师师"互动突破了过去面对面教研室讨论的局限，可以跨院校间研讨交流。"师师"互动的优化是教师自律文化形成的关键，是教师构建"专业学习共同体"的必然趋势，是教师专业成长和教学风格形成的一种"存在方式"。目前网络空间平台中"师师"间互动需要突破"日常"教师间"显性互动"，构建教师互动共同体，教师间开展更深入的关于教学理念的变化、情感态度的体验等"隐性互动"。教师间的行为互动逐步转化为心灵的互动，从而达成教师间的理性交往。网络空间互动能使两人间的互动转化为多人互动，引发更多人的思考、质疑、碰撞，呈现多角度的交互性。大数据时代的教学设计可以集教师集体智慧实行"众筹教学"，让教师间的教学设计—教学过程—教学反思—教学反馈在不断地交流与碰撞中得以最优化。

四、高校英语网络空间教学行为优化策略

教师通过对学生的多维信息坐标体系的观测，实现"教学资源的精准匹配—个性化教学设计—差异化教学处方—有教学行为痕迹的教学过程—动态化教学评价—针对性教学实施—客观性教学记录—新一轮教学设计"教学模式的良性循环。

（一）采取大数据思维进行精准教学设计

教师在教学过程中的各种行为，主要包括何时提问、何时讲授、何时开展小组活动、何时创设情境等，这些都直接影响着学生学习效果，而这些行为都需要教师进行精准化教学设计。信息化时代空间教学过程的动态性及复杂性，使课堂教学的不确定因素增加，教师的教学设计不能遵循某一既定模式，有针对性的教学设计才能使教学过程更生动有趣，学生的创造性思维能得到更好的发挥。

教师可以通过教师和学生在空间的"活动数据"记载情况，实时掌握教师教学实施情况和学生学习情况，通过学生的反馈行为灵活调整教学计划，并在教学过程中根据班级的不同特点设计个性化内容。空间教学设计，容易使课堂中出现教学设计之外的"节外生枝"的问题，教师若能捕捉或创造更多这样的机会，学生参与程度与学习效能也能得到进一步提高。大数据思维虽然能帮助教师看到"云空间"的庞大数据，但是需要对数据进行聚类分析，看到数据之间的相关性，并发现事物与事物之间的相关性。教师在小组活动设计环节时发现：学习合作小组展示中，性格外向型组合更愿意以"情景剧"表演的方式呈现，性格内向型组合更愿意以"一问一答"方式呈现，英语基础薄弱的小组更愿意通过讲解单词与词组。因此，在下一轮教学设计中，教师尽可能地照顾到不同组员的特点，鼓励小组成员间和小组间的相互交流与合作，以帮助学生更全面地锻炼各个方面的能力。教师只有做到以"数"为"据"，才能及时地掌握学生的学习任务完成情况和后续教学重点和难点，才能开展精准教学设计。

（二）利用大数据预测结果完善差异化教学过程

教学过程是师生心理活动的过程，空间教学加快了师生交互作用的进程，教师教学任务的设计可以通过学生空间"访问痕迹""留言痕迹"得以实时反馈。教师对教学知识点的安排以及教学进度的安排以学生的"个人学习数据"为依据，及时收集学生的学习知识"盲点"。教师可以通过回看、反复浏览学生数据来分析学生普遍存在的"疑难问题"，也能发现部分学生的"个性问题"，并对不同学生行为进行分析，预测学习者的学习规律。比如，教师通过发现不同学生上交作业的时间分析预测学生最有效学习时间段，并根据他们的特点调整作业任务。教师可以根据小组作业贡献度排名来判断小组协作中各成员情况，并根据一段时间的表现来分析并预测小组合作效果，按照实际情况适时调整小组合作的形式和作业呈现方式。教师利用大数据预测结果，能促使教学设计—教学过程—教学反馈—新一轮教学设计这一循环过程产生积极效应。教师根据学生对教学资源建设、互动讨论的参与程度，来判断学生的学习进程和学习效果，从而在课堂教学过程中开展有针对性的教学。在教师实践教学过程中发现：英语学习基础差的学生更不愿意完成书面表达作业，在此类型作业花费的时间较少，更不愿意课堂上主动发起提问，英语学习提高幅度更小。教师对这类任务完成情况不高的学生实施教学干预，有针对性地布置"啄木鸟"挑错任务等，让学生从自己常见表达的错误入手，来逐步改变学生英语表达习惯。

在教学的不同过程与阶段，学生的学习行为都会留下一系列的"个人小数据"，数据与数据之前相互联系与影响，形成该课程教学的"系列大数据"。课前采集的数据，是课堂有效教学的基础，课中、课后采集的数据，既是调整教学节奏、开展个性化辅导的依据，又是因材施教、推进分层教学的证据。以数据分析为基础的空间教学促发教师教育教学从"经验主义"逐渐走向"数据主义"，将使课堂教学从关注"宏观群体"到"微观个体"的转变，让课堂教学发生在每个学生身上，使差异化教学成为可能。

（三）根据大数据反馈行为开设针对性学习处方

空间教学使师生和师生之间的"庄严感"弱化，在"寻找"与"探索"中得到更多探究知识的乐趣。学生在师生关系中逐步告别"聆听"，开始走向"质疑"；学生对于知识的态度，也需要从"理解"转向"反思"；学生对于教学方式也从"适应"教师，转为对自我认知的"超越"，在学习方式上，学生的"体验"要比教师"经验"更加重要。在这种教师与学习者行为转变的背景下，教师对于个性化学习的指导，需要强化学生的发展性思维、反思性理解力、体验性认知等方面。教师根据学生空间的"浏览痕迹"可以得知学生对不同类型资源的浏览频次，了解学生对学习内容的喜好程度，从而及时地推送、更新学习资源。教师通过课前学习资源被访问的时间，学生完成学习主题"lead-in"问题的时间和答题情况，可以得知学生对知识点的掌握程度。课中教师可以根据学生"group-work"

活动反馈出的问题进行强化训练，并进行及时测试，收集学习后学生的掌握情况。课后学习作业的提交时间、答题情况等为下一模块的学习和讨论提供了训练素材。

如在实践教学过程中，教师发现某些班级学生课前自主学习完成情况较差，课前"lead-in"问题主观题完成人数不理想；课中"group-work"汇报总是集中在少数人，课后作业完成中的错误"雷同率"较高。教师通过一段时间观察与课后交流发现，该班学生英语学习基础薄弱，对于教师以"自主学习"为指导的翻转课堂方式很不适应，这些学习行为特征为教师下一步教学方式的改变提供了及时反馈，在教师的积极引导下，学生英语学习的习惯逐步改变。教师通过一学期"课前"—"课中"—"课后"一系列学习行为和学习习惯中可以找寻不同的学习任务和不同教学环节中学生的学习规律和特点，从而采取不同的教学方法，设置不同的教学任务，让学生形成良好的自主学习习惯。

（四）实施大数据关照下的动态化教学测量

"大数据"之大，不仅仅意味着数据之多，同时还意味着每个数据都能在互联网上获得生命、产生智能、散发活力和光彩。大量实时的数据让课程评价与教师教学评价中的"让数据说话"成为可能。对课堂教学中的所有数据进行统计分析，并加以实施及时反馈，能实现教学测量的过程化、动态化与精准化。大数据分析能直观地呈现学习者学习效果的轨迹，这种及时有效的反馈能帮助教师强化学习行为，激发学生自主学习动机，为进一步教学实施提供参考。大数据时代的教学评价以数据为基础，呈现多元化、动态化等特征，然而教师不能过度依赖数据，将数据当作行动指南会导致学生的很多潜能因为没有"药引"而未被激发出来，大数据只是作为教师找寻学习行为与学习效果相关规律的一种技术手段。

每个教师根据学习者行为特征采取的教学设计的调整以及教学资源的更新，在空间所留下的"痕迹"构成系列小数据，学习者参与程度、互动情况在空间所留下的状态数据也是大数据的一部分。因此，教师在进行教学测量时，需要随时关注数据的动态性：各协作小组整体表现发言积极程度的变化、小组成员参与程度的变化、学生学习能力与初始测试的变化幅度、学生作业的平均值等，而不是以一次测试成绩作为测量学生学习效果的依据。

面向未来的教育，不同于工业化时代"大规模批量生产"的人才，而是要更加关注学习者的个性化学习能力的提升。基于大数据的学习行为分析以及记录学习者的学习过程，根据学习者的不同特征进行个性化学习资源推送，是未来英语教学改革的可能趋势，既符合数字化时代的特征，同时又是未来可持续发展空间学习生态的重要标志。

第四节 大数据对高校英语教育教学的影响

随着世界经济一体化的到来、信息技术的高速发展，尤其是互联网及各类移动终端的普及把人类带入几乎涵盖所有行业的一个大数据时代。大数据时代的到来使高校英语教育模式发生新的变革，无论是教学形式、学习行为，还是教学评价、教学理论、教学资源以及教学评估等各方面都随着大数据的变化而做出相应更新、改进。笔者结合实践教学活动，从大数据对现代英语教育的影响以及运用，进行了深入探索与研究并提出了相关优化措施。

大数据时代，大学英语教师面临新的挑战，传统英语教学模式受大数据影响与冲击，已经逐渐转变和改进。数据的集中以物联网、数据库技术、云计算等综合技术的成熟为基础，数据是过程性和综合性的考虑，它更能考量真实世界背后的逻辑关系。大学英语教师在大数据相关知识的整合、教师职能与角色的转变、学生主体个性化发展与变化、新型教学设计和教学评价等方面面临巨大挑战。例如对一个学生英语考试成绩的研究，可以依靠大数据进行分析，综合考虑这个学生的家庭背景、努力程度、学习态度、智力水平等数据，这些数据正是学生所得分数的正面反映，教师可以根据数据给学生相应教育和帮助。但是这需要教师有相关的知识储备，有大数据整合能力。所以教师要适应大数据时代大学英语教学改革的趋势，从而实现良好的教师职业发展。大学英语教师要加强大数据整合能力的培养以适应个性化教学的需求、改进课堂教学模式和方法以切实提高学生的英语应用能力，提前做好自我准备以适应大学英语教学的一系列变化转型，参加相关培训和研修以此来提高自身教学的科研水平。

一、大数据时代教学方式的特征

传统教育模式是随着工业时代经济集中批量生产的模式产生的，其主要特征是教学集中班级化、教材统一、教师的主体地位不可动摇、课堂有时间限制等，这些教学规定兴盛于工业化时代，并且为当时社会培养出了需要的人才。相比这些特征，大数据教育模式更倾向于弹性学制、随时随地在线和多媒体教育、个性化辅导、多师同堂、家庭学习等。大数据与传统的数据相比，就有非结构化、分布式、数据量巨大、数据分析由专家层变化为用户层、大量采用可视化展现方法等特点，而现代网络环境下的大学教育会更加个性化、开放化、数据化、人性化、平台化，两者正好相互融合适应，教育除了是社会学科外，也将变成有数据论证的实证科学。互联网技术在教育中的应用越来越广泛，作用也在不断增加，与以往相比，在一定程度上减少了教师的工作量，但是教师的比例并没有相应减少。

这主要是由于大数据虽然在很大程度上促进了教育的发展，但新事物的产生总是要经过反复的实践，必有其不足的一面，例如出现了大量信息垃圾，学生如果分辨不清，随意应用反而会造成负面影响，所以需要教师进行更多的指导。不过教师和学校的定义和内涵需要重新定位。目前，仅就知识传播而言，教育资源正在经历的是平台开放、内容开放、校园开放的时代，这是前所未有的。

二、大数据时代的英语教学中要进行的相关优化

（一）英语教师要引导学生形成互动、互助的学习状态

高校大学生来自我国的各个不同地区，生活习惯和学习观念会有很大区别，而且大部分学生在整个中学阶段，受各种学业压力的影响以及教师的教诲，形成了独立学习而对他人漠不关心的学习状态。这种学习状态适应于我国中学应试教育，节约了学习时间，但也造成在很多大学里，新生很难融入集体互助合作的活动中，学生在学习上很少进行互动和互助，造成大数据在英语教学中所发挥的作用大打折扣。所以，作为学生英语学习引导者的教师，要想更好地受益于大数据应用所带来的种种教育资源，就要掌握现有资源调动学生积极性，营造学生互动的氛围。教师要让学生理解大数据时代进行合作互助的必要性乃至其深远的历史意义，进行相关教育活动，使学生树立起合作互动的理念，并应当用比较切实可行的学习活动，让学生在具体的学习中深刻地感受到学习的意义。

（二）英语教材的应用也要根据大数据进行相关调整

我国大学英语教材主要是根据教学大纲和实际需要，为师生教学应用而编选的材料。教材是教学的主要依据，是教学大纲的具体化，教学保障主要包括网络信息基础设施保障、教学物资条件保障、图书资料保障等，在很大程度上影响着教学质量。以下是大数据环境下影响教学质量的主要因素：学习氛围、选用的教材、教学设施、教学服务保障。因此，大数据条件下除了要为学生营造互助的学习氛围外，还要根据实际需要进行教材方面的调整，适应学生学习要求，以提高教学质量。

三、大数据对高校英语教学的深远影响

随着知识经济时代的到来，大数据在高校英语教学中的应用越来越广泛。两者的深度融合从根本上改变了我国传统的以课堂为主的灌输式教育模式，转变为更加开放、互动的教学模式。与此同时，世界经济一体化及科学技术的飞速发展，促进全球信息的高速传播，并且逐步实现无缝整合与共享，教育资源信息也位列其中。尤其是近年来所开放的优秀教育资源正逐步向全球各角落的学习者所同步共享。

（一）大数据对高校英语教学方式的影响

大数据时代下的英语教育，是着眼于其长远发展，它使英语学习者能够学以致用，英语教育的实用性极大增加，并且根据各种数据能够更加科学地进行英语教学活动与管理决策，为英语教育开启新思路创造条件。一是大数据下的英语学习者可以不受时间、地点限制，利用大数据共享获取各自所需的英语资源以及进行网络服务的多终端访问，能实现数据同步与英语知识的无缝迁移；二是能实现信息的全面交互，英语学习需要学生通过良好的人际交互以更好地理解与掌握语言能力，而利用大数据技术能实现师生之间、学生之间随时随地的互相交流；三是可以通过大数据统计出学生学习情况、家庭环境，了解学生课内外的学习轨迹，并且形成具有研究价值的数据报告，以供教师进行教学上的改进；四是能提高教学管理效率。

（二）大数据对英语教学评价的影响

大数据技术可以对教师教学授课过程、学生学习行为以及各种教学管理数据进行全面采集，集中存储、深入挖掘与分析，在兼顾学生英语学习能力评估的同时，也为教师的教学质量评估提供了全面、准确的分析结果。

四、大数据在英语教学中的运用

（一）大数据在英语远程教育中的应用

在全球经济一体化时代，各国经济贸易往来会更加频繁，英语作为最通用的国际语言，它的重要性不言而喻。尤其对于我国高素质人才来说，英语必将成为他们日常生活、工作中不可或缺的交流语言。信息化、网络化的教学方式，可以更加便捷、高效地为学生提供英语学习机会，例如大量网络在线课堂、网络英语学习资源应运而生，最终实现了人与人、人与机之间的远程英语教育模式。

（二）大数据在英语课堂教育中的应用

学生是英语学习的主力军，主要学习场所还是在大学课堂上，大数据在课堂教学中的有效应用，可以迅速地获取学生学习的相关状态以及教师教学状态，并且通过大数据分析技术、采集技术的应用，分析其数据的成因，进而提出相应的教学对策，进行教学方法、学习行为以及教学模式的改进，以此来提高学生学习效果和实现教学目的。

（三）大数据在英语考试中的作用

大数据技术可以综合考查学生的英语水平，有助于教师安排更加科学、合理的考试内容。各个高校普遍建立相应的大数据平台，英语教育也从中受益，例如可以获取试卷的答题结果、班级成绩情况等数据，并且通过数据平台的采集技术、分析技术，详细了解学生的英语知识储备量与英语学习的疑难点，为今后试卷题目设置提供了有利的参考，试题更加贴近学生的实际学习能力。

总体来说，大数据时代的到来，为高校英语教学带来了新的教育机遇，虽然存在着一些问题和缺陷，但数据技术和英语教育深度融合，如果能合理应用并优化创新，发挥大数据平台的价值，必定会带动英语教学水平更上一层楼。

第五节 大数据时代高校英语数字化教学的转型

1970年，托夫勒在《未来的冲击》中明确地提出了面向未来的教育：倾向小班化，多师同堂，在家上学，在线、多媒体教育，回到社区。着重培养学生适应临时组织的能力，培养能做出重大判断的人、在新环境中迂回前行的人、敏捷地在变化的现实中发现新关系的人。凯利（Kelly）也预测，随着大数据时代的来临，学校会更加多元化，未来的人工智能将诞生于由10亿台中央处理器组成的"全球脑系统"，这个系统包含互联网及附属设备——从扫描仪到卫星以及数十亿台个人电脑。

的确，网络媒体的发展已经引起高等教育的革命性变化，一是"大规模开放在线课程"（Massive Open Online Courses），简称"慕课"（MOOC），正在冲击着全球教育；二是大数据（Big Data）理念在教育中的作用逐步得到了重视，初步形成学校教育、网络在线教育和实践应用延伸的三位一体的教学模式，教师也由原来的"教学主持者"逐渐变成了"教学参与者"。据统计，在2012年"MOOC"平台纷呈竞现，哈佛大学和MIT创立的edX有49所大学加盟，主要包括清华大学和北京大学，设175门在线课程，100多万学生选修；斯坦福大学创立的Coursera有82所大学加盟，386门在线课程，350万学生选修；斯坦福大学创立的Udacity有25门在线课程，40万用户；英国开发大学Future Learn加盟成员包括26所大学、大英博物馆、英国文化协会以及大英图书馆；澳洲公开大学联盟开发有48门免费课程，64门学分课程在线，课程分研究生、本科生、职业教育；德国学者在企业的资助下创建的Iversity平台有24门课程，10万用户；2013年10月清华大学的中文"慕课"平台"学堂在线"目前有5门课程、10万人次选课。越来越多的在线课程表明大数据时代已经来临。

一、大数据背景下大学英语教学面临转型

大数据时代改变了人们的生活习惯，正在引领人们由读书时代迈向读屏时代。"大数据的'威力'强烈地冲击着教育系统，正在成为推动教育系统创新与变革的颠覆性力量。"大规模开放在线课程的出现是当代教育发展的一大趋势。因为当我们进入未来第三次浪潮的经济和社会时，我们不再强调同一性，而是强调个性。正是在这样的背景下，2014年我国高校明确区分了研究型大学和应用型大学两大类别。而从建构主义理论来看，由于个人的经验、信念不同，对外部世界的理解也有差异，语言学习者更加关注如何以原有的经验、心理结构和信念为基础来构建知识。建构主义的教学模式应包含四个关键因素：教师、学生、任务和环境，其中任何一个因素都不可能孤立于其他因素而存在，它们之间的交互是一个动态的、发展的过程。学生作为个人理解这些任务的意义和个人相关性；任务则成为教师和学生的连接界面。教师与学生之间要有互动。教师的行为充分反映他们的价值观念，学生对教师的反应方式与他们的个人特征有关。这样教师、学生、任务三者处于一种动态的平衡之中。整个教学过程教师更多的是充当"脚手架"的功能，学生则凭借由教师、同学以及他人提供的辅助物完成原本自己无法独立完成的任务。随着学生学习能力的逐步提升，学习的责任将逐渐转移到学生身上，最后让学生完全积极主动地展开学习，并且通过学习建构出真正属于自己所理解、领悟、探索到的知识。"脚手架"能帮助学生穿越到最近发展区，能有效促进学生认知和社会性的发展。

基于此，大学英语课堂教学面临转型，即把学习的主动权交还给语言学习者，学习者可以高度自由地控制学习的方向、内容、进度，在各种生活场景和语言环境中漫游，却又没有真实世界的压力，体现在参与中获得愉悦，在愉悦中引起共鸣，在共鸣中获取语言能力，实现语言实际运用的目标。在现代教育技术发达的今天，大数据为我们提供了便利，大学英语数字化教学课可以充分地利用"慕课"（MOOC）"多模太"（MODULE）和"翻转课堂"（FLIPPED CLASSROOM）教学形式，设计网络化在线学习模块，强调个性化自主学习，这对于大学英语教学来说，好处在于：教学资源丰富，信息量倍增；有利于学生个性化自学潜能的发挥；师生互动量增加，教与学不受时空限制；对学生学习成绩评价多元化；容易激发学生学习积极性。

二、大数据时代大学英语的数字化教学模式

大学英语课堂教学应被视为应用型人才培养的重要环节，作为高校开设的一门公共必修课，在形势不断发展的情况下探索其新的教学模式，充分利用大数据时代带来的便利，实现课堂教学和课外在线学习相结合的教学方法意义重大：其一，它能全方面满足现代大学生的心理诉求，实现全方位、开放式课堂教学机制；其二，它能使大学英语教学跳出传

统的一块黑板、一位老师、一间教室的教学模式，充分发挥视听说优势以及融入真实语言环境，并且为学生今后的发展做准备；其三，它可以作为高校提升外语教学综合水平的一个参照。就大环境来说，中国想要真正走向世界，外语人才的培养至关重要，没有高水平专门知识又专门精通外语知识的人才是无法实现"走出去"和"引进来"的战略目标的。从小环境来看，高校担负着培养人才、服务地方、振兴国内经济的重担，未来人才的素质将直接关系到国家的创新体制建设。所以，从高等教育国际化的战略高度来看，基于"MOOC"平台的大学联盟为我国的高等教育提供了同国际一流大学真正对话的机会。但是，这些在线课程的教学语言几乎都是英语，因此，没有英语基础的支撑，即使有了全球优质教学资源，我国的大学生也可能会面临语言上的障碍。而未来我国的高等教育都将侧重于学生对所学知识的实际应用方面，他们需要了解大量与专业相关的知识，这就决定了他们对外文信息要有准确的把握。大学英语数字化教学模式开辟了非英语专业学生第二条获取专业知识的通道——在线自主学习，同时也充分体现出英语学科的人文性和工具性特点。

大数据背景下大学英语数字化教学模块设置。传统大学英语课只是为学语言而教语言，不仅费时低效，而且还忽略了英语的人文性和工具性特点。大数据时代教学资源可以得到充分整合，通过数字化教学让英语课堂变成语言能力＋专业素养课，使学生感受和体验英语，而不再是被动地学习英语。目前高校可以结合自身优势，采取多层次、多模块的网络教学平台为学生创设真实的语言环境，还可以通过加入大学联盟获取更多在线课程，以满足不同层次学生学习英语的诉求。在模块设置上可体现行业特征，并融入人文素质和思辨能力的教育，例如基础英语视、听、说模块，通用学术英语读写模块，职场和行业英语模块，文学欣赏模块，文化和科学伦理模块等等。

大数据背景下大学英语数字化立体教材的开发。就目前的大学英语教材来看，以书本＋光盘形式出现的居多，这难以满足数字化教学平台的要求。因此，创建立体化教材，以文字、录音、多媒体课件、电子教案、电子档案袋（e-portfolio）、网络课件、学生自主学习系统、资源库和测试库、专业网站等形式来支撑大学英语课堂教学已是必然趋势。它有利于"创建真实的语境或场景，为学生提供'有意义交际'和实践的机会"，从不同的视角为学生营造一个比较和分析的空间，充分发挥教师与学生、学生与学生、学生与课件等人际和非人际的互动作用。

大数据背景下大学英语的教、学、考、管集成。大学英语数字化教学因其理念的革新，教学资源的网络化、数字化、信息化，教学方式更具人性化、个性化的特点，无论是构建语言教学的生态环境，还是营造语言教学的人文环境，都对教学管理、教学评价的科学性提出了更高的要求。考试不再以传统方式进行，而是采用网络无纸化考试，评价采取多元评价、形成性和终结性相结合，采用综合和集成的方法，统筹考虑教师、学生和教学管理者三个不同层面的相关因素，将三方的观念更新、课程体系优化、教学方法和学习方法创新、服务和管理效能提高等相关要素纳入教改的总体规划。

三、大学英语数字化教学的预期目标

交互性。长期以来，我国大学英语教学在教学观念、教学模式、课程体系、教学方法和教学测评方面都存在不尽如人意之处，导致非英语专业学生的英语综合应用能力不强，教学模式相对单一，教学方法和教学手段相对陈旧，学生学习动力缺乏，自主学习意识和能力不强，在文化传承和人文精神培养方面比较乏力，教师积极性不高，学生对英语学习缺乏兴趣等。而通过数字教学平台，师生间的互动加强，学生可以不断地向老师提问，教师为了解答学生提问不得不更新知识和提高水平，达到师生间的交互成长。

体验性。根据大学英语教学改革以及我国社会经济迅猛发展对大学英语教学要培养出具有很强国际竞争能力人才的要求，大学英语数字化教学定位于加强实用性英语教学，以培养学生的英语综合应用能力为目标，特别突出和加强了听说与交流能力的训练与培养，通过教师下达任务，学生担当角色，立足校本经验，开辟网上专家空中课堂，在纯英文环境中让学生充分体验语言的魅力和完成任务后的快感，以达到轻松学英语的效果。

建构性。数字化教学模式强调学生积极参与并自主管理自己的学习过程，是一种新型教学模式。这不仅是一个教育目标，也是一种教学理念，同时还是一种学习策略。因为学习者自主是现代教育心理学尤其是人本主义、认知主义、社会建构主义学习理论的要求。而语言学习过程必须重视人的感情因素，要在教师指导下帮助学生参与甚至决定整个教学过程：知识的获得主要是通过学生自己发现，教师只是组织者、指导者、帮助者和促进者，学习环境（自主学习中心）与社会互动（合作学习）是两个重要环节。可以这样说，通过在线学习平台，学生将既获得知识，又参与实践，两者相辅相成。

大数据时代颠覆了传统的教学方式，为高校大学英语教学提供了自主学习平台，特别是党的十八大以来我国明确提出要加快发展现代职业教育，推动高等教育内涵式发展，相当一部分新升本高校面临转型，在转型过程中必然涉及课程设置、教学手段等大改革，强调应用型、实用性的专业课程开设以及学生实践能力的提高。而在转型过程中大学英语课堂教学应充分考虑"专业＋通识教育"模式，充分利用大数据时代带来的便利整合课内外教学资源，借助网络在线教育，结合课堂教学，让学生在学习英语的同时也学习专业知识，这将极大地提高学生的学习积极性和主动性，真正体现英语工具性作用。

第六节　大数据背景下英语教学的微传播

自 2012 年以来，越来越多的政府和行业开始意识到数据和信息的重要性，"大数据"成了十分流行的关键词，人们用它来描述和定义信息爆炸时代产生的海量数据。2014 年，在全国高校外语教师发展论坛上，杨永林教授做了《"慕课"时代大数据在外语教育与研究中的应用——以 TRP 平台为例》的报告，分析了大数据理念在英语教学中的作用。目前，传统的英语教学方式已经很难激发学生的兴趣，也很难保证课程教学效果。在大数据背景下，数据流和信息形态都发生了重大变化，信息共享、交换以及数据处理变得更加便捷，这为学生提供了良好的自主学习条件，使得课堂和教师不再是学生获取知识的唯一途径，这对教师的教学方式方法也产生了重要影响。大数据的发展不但促进了学生学习方法的改变，同时也促使教师主动改变课堂教学方式，使教学方式更加多样化。为了适应新形势，高校应加强英语自主学习平台建设；教师要更新教学理念，从知识的传授者转变为学生学习的指导者和帮助者，同时不断地提高信息处理能力，充分利用互联网交互平台开展教学。

一、大数据背景下英语教学的变化

目前，信息化成为社会各个领域发展的特征之一，英语学习也不例外，大量英语学习工具、平台和管理系统应时而生。这些英语学习工具、平台和系统能够根据大数据分析的结果来预判学生的需求，找到学生学习过程中存在的问题，有针对性地帮助学生实现英语学习的预期目标。例如，品种多样的语料库系统、在线搜索引擎等能为英语写作提供词汇用法等方面的帮助，有利于学生解决写作过程中的语法问题，不断地提升写作能力和语言运用能力。

随着网络技术和现代教育技术的不断发展，学生学习数据的收集也越来越简单，不但数据量越来越大，数据的内容也呈现多样化特征，如通过数据挖掘能够了解学生的学习动机和学习行为，通过学习评价系统可以获得学生在线学习效果方面的数据等。在当前英语教学中，英语学习的具体化语境例证需求逐渐变大，而教师可以通过网络共享资源下载多媒体教学所需要的课件、例证等，从而有效地提高教学效率。合理利用网络数据资源开展多媒体教学和在线教学，能够有效促使学生激发自主化、个性化学习的积极性，提高学习效率。

在大数据背景下，教师可以把学生在学习过程中产生的数据（包括聊天、社交、游戏中的交互信息）收集起来，了解学生接受与掌握英语的程度、学习行为及学习习惯等，及时发现学生学习的误区，进而帮助学生找到适合自己的学习方式，同时有针对性地改进课堂教学。例如在阅读教学过程中，教师可以通过所收集的相关数据分析，了解学生英语阅读学习的习惯与方式，从而及时改进英语阅读教学计划，开展个性化英语教学，提高教学效果。

二、大数据背景下英语教学的微传播化

在大数据背景下，现代智能软件能够对学习者的学习行为提供实时帮助，网络技术能够为学习者创建一个主动学习的情境，诱导学习者学习的持续性，帮助学生形成科学的学习习惯和学习方法，也方便学习者对学习效果进行科学合理的评估和评价。与此同时，在大数据时代，英语教学具有了微传播特征，具体反映在以下几个方面：

实时互动性。通过登录微博、微信等平台，教师可以随时布置课程练习和课后作业，学生可以随时接受教师布置的任务。在英语课程教学中，传统教学方式难以满足点对点教学的要求，例如提高学生语言交流能力和应用能力的难度较大、教师难以判断学生群体的英语能力水平、课后作业难以批改等等。在大数据背景下，教师可以借助"作文批改网"等网络平台解决这些难题。另外，利用大数据云存储技术，根据需要建立学生写作学习的轨迹档案，以便捕捉学生写作过程的每一个细节，形成发展性写作评价。

迷你化。根据2014年中国互联网信息中心发布的《第34次中国互联网络发展状况统计报告》，2014年年底，我国互联网普及率达到46.9%，手机网民规模5.27亿，手机使用率达到83.4%，手机作为第一大上网终端的地位突显。由此可见，微传播的主要载体具有小巧便捷、易于携带、自主性强的优势。当前，各高校的无线网一般都能覆盖校园图书馆、食堂、宿舍等场所，学生通过手机等网络终端，可以在任意的时间和地点登录微博、微信等平台，获取英语学习信息，在很大程度上突破英语学习的时间和空间限制。智能手机等迷你型移动终端的普及，为学生随时随地搜索资料、查单词、提交作业提供了便捷的途径，使学生的英语学习更加细节化和自主化。

精简化。在无线网络高度覆盖、信息快速传播的时代，信息量的增大和信息传播速度的提高，使得人们在阅读过程中更加乐意用快捷的方式获取信息，在一定程度上改变了阅读方式和阅读习惯。与此同时，为了加快信息传播速度，要求网络信息更加精简化，由此催生了微博、微信平台上的"微言微语"，反映在英语方面，精练的短句和小段落更加具有吸引力。在微传播背景下，学生更乐意接受内容新颖、简短而有重点的信息，以便充分地利用零散的时间。因此，微博和微信平台上的英语学习信息通常是几句话、几张图片或一小段视频（如微电影），简洁明了，具有即时性、视觉性和互动性等特征的微信息，更容易获得人们的注意和兴趣。

三、大数据背景下英语教学的创新策略

在大数据背景下,微课、慕课、翻转课堂等教学方式在全球风靡。新形势下,教师在英语教学中要不断地创新教学手段和教学方法,充分利用互联网交互平台开展教学,促使学生快速提高学习成绩。具体来讲,应从以下几方面创新和改进教学:

(一)建设自主学习平台,促进学生自主学习

大数据背景下,英语教学不再局限于课堂上教师的讲解,提高学生综合运用英语的能力和自主学习能力成为英语课程教学的主要目标。为了适应新形势,高校应加强英语自主学习平台建设。英语自主学习平台应包括课程学习系统、听力测试系统、口语训练系统、师生交互系统等,这些系统不但要有相应的学习资源供学生根据自己的兴趣和需求自由地选择,还应该具有测试功能和测试成绩记录功能。这样一来,借助自主学习平台,学生可以将学习计划上传至网上征求老师的意见,以充分提高学习效率;可以实现知识学习和资料查询,及时检测自己的学习效果,并且通过检测结果明确自己的努力方向;可以自由支配听说和读写的练习时间,充分利用系统提供的丰富的课外资源开展个性化学习。借助自主学习平台,教师可以向学生推荐学习网站和常用学习软件,了解和掌握学生的学习情况,分析学生的学习行为,及时指出学生学习方法、学习态度等方面的不足。

(二)更新教学理念,注重激发学生的学习兴趣

在传统的英语教学过程中,由于班级人数多,更正语音、批改作文等往往耗费教师大量的精力,而且难以取得良好的效果。但在当前的大数据时代,这些问题迎刃而解。例如,以往学生记单词是依靠单纯地背单词书,而大数据背景下借助手机 APP 可以有效提高记忆单词的效率,并且很多在线工具将背单词与闯关类小游戏紧密联系在一起,真正做到了寓教于乐,吸引了众多学生的眼球。再如,很多网站都建立了英语语音和英语在线翻译系统,甚至在线英语作文批改也成为现实,这为教师的教学和学生的学习提供了极大的便利。公共英语学习网站和学校的英语自主学习平台,大多能为学生的英语作文提供修改意见,使得学生可以通过不断地修改获得满意的成绩。这种作文批改和反馈形式的改变,可以让学生和教师从书本中解脱出来,也使教师和学生充分领略了大数据的魅力。可见,在当前的英语教学中,教师必须及时改变教学方式,积极应用新的软件和工具平台开展教学,否则难以激发学生的学习兴趣,更难以充分提高教学效果。借助软件和工具平台开展英语教学,要求教师从知识的传授者转变为学生学习的指导者和帮助者,积极与学生开展网络交流,及时解决学生遇到的疑难问题。

（三）更新知识，提高信息处理能力

信息技术快速的更新换代，为英语教学提供了大量的平台和工具，而网络上的平台和工具各具特色，功能也不尽相同，有的甚至已经被技术的发展所淘汰。由此可见，教师应在不断更新知识的基础上，全面了解各网络平台和工具的优势与不足之处，从而为学生提供科学合理的参考意见，否则可能会误导学生。英语教师在了解信息技术特点的基础上，懂得教学规律，才能提高教学效率。例如，在我国传统的教学评价体系中，过程评价和多元化评价是最薄弱的一个环节，而网络英语自主学习平台的测试功能和测试成绩记录功能，不但能够激发学生在线学习的积极性，还能够为英语课程的过程评价提供数据支持，这要求教师十分熟悉英语自主学习平台的功能和操作方法。

第四章 信息化与英语教学资源建设

随着信息技术的发展,教育逐步实现了信息化,信息化教学资源更加丰富,种类也逐渐地增加。以下将对相关的信息化与英语教学资源建设进行详细阐述。

第一节 信息化教学资源

一、信息化教学资源概述

(一)信息化教学资源的定义

资源是指可以被人类开发和利用的一切物质、能量和信息的总和。教学资源(教育技术领域),从狭义上通常把教学资源理解为可以应用于教学过程中的各种媒体设备和教学材料;从广义上讲教学资源包括人力资源、物质资源和信息资源等诸多方面,它是指能够用于促进有效教学和学习的所有资源。教学资源通常又称学习资源,它是指一切可以用来促进学生的学习、支持教与学全部过程的各种系统、教学材料和教学环境的总称。

信息化教学资源,通常认为"信息化教学资源"属于信息资源的范畴,是从狭义上理解的一种特殊的信息资源,是经过选取、组织,使之有序化的,适合学习者发展自身的有用信息的集合,狭义的信息化教学资源指的是以数字形态存在的教学材料,包括学生和教师在学习与教学过程中所需要的各种数字化的素材、教学软件、补充材料等等。广义的信息化教学资源还包括数字化教学环境,即教学过程中所使用的各种软件。

信息化教学资源,是指经过数字化处理,可以在计算机上或网络环境中运行的多媒体材料或教学系统。它能够激发学生通过自主、合作、创造的方式来寻找和处理信息,从而使数字化学习成为可能。

(二)信息化教学资源的分类

信息化教学资源从技术发展的角度可以分为多媒体素材、多媒体教学软件、网络教学软件、集成性教学系统；从建设的角度可以分为素材类教学资源建设、网络课程建设、资源建设的评价、教育资源管理系统的开发。其中多媒体素材主要是指文本、图片、声音、视频、动画、电子书等；多媒体教学软件是指基于单机运行的教学软件；网络教学软件基于Web运行；素材类教学资源建设主要分为八大类：媒体素材、试题、试卷、文献资料、课件与网络课件、案例、常见问题解答和资源目录索引；网络课程建设和素材类教学资源建设是信息化教学资源的基础。

目前常见的信息化教学资源主要包括9类，分别是媒体素材、试题库、试卷、课件、案例、文献资料、常见问题解答、资源目录索引和网络课程。在教学中可以根据实际需要，增加其他类型的资源。

（三）信息化教学资源的媒体特性和特点

教学资源是教学的重要因素。在教学活动中，教学资源首先是作为教学内容的载体——媒体而存在，媒体作为一种传递信息的工具，对教与学起到了良好的桥梁和纽带作用；然后才是作为教学信息而存在；最后才是支撑教学活动的教学环境和条件而存在。信息化教学资源是指经过数字化处理，可以在计算机上或网络环境下运行的多媒体材料或教学系统，它依旧属于媒体和媒体内容范畴。

1. 媒体的特性

媒体的特性主要有呈现力、重现力、传播力、可控性和参与性。

（1）呈现力：媒体呈现信息的能力，呈现事物的空间、时间、运动、颜色、声音等特征的能力。

（2）重现力：对信息的重现能力。例如书本可以反复阅读，录音、幻灯片可以反复重放。

（3）传播力：媒体以各种符号形态把信息传递给受众，不同媒体在传播的范围上各有差异。

（4）可控性：媒体可操纵控制的难易程度。

（5）参与性：利用媒体开展教学活动时，学习者可以参与活动的机会（包括行为参与和感情参与）。

2. 信息化教学资源的新特点

（1）组织的非线性化

传统的教学信息的组织结构是线性的；而人的思维、记忆却是网状结构。因此传统教育制约了人的智慧与潜能的调动，限制了发散思维能力的培养，不利于创新能力的挖掘与培养，而多媒体技术为教学信息组织的非线性化创设了条件。

（2）处理和存储的数字化

利用多媒体计算机的数字转换和压缩技术，能够迅速处理和存储图、文、声、像等各种教学信息。

（3）传输的网络化

随着网络技术的发展与普及，各级教育网络的逐步建立，教学信息传递的形式、速度、距离、范围等发生了巨大变化。

（4）教育过程的智能化

多媒体教育系统可以智能模拟教学，学生通过人机对话来自主学习、模拟实验、自我测验等，并能够通过实时的交互来实现反馈与评价。

（5）资源的系列化

随着教学的信息化和现代教育环境系统的逐步建立与完善，现代教材体系也逐步成套化、系列化、多媒体化。

二、信息化教学资源的应用原则及其获取方法

（一）教学资源的应用原则

在选择和设计信息化教学资源时，首先要看一下现成的资源中是否有可用的，应尽可能地选取和运用现成的资源，这样可以节省时间、经费和精力；当已有的资源不能满足该需要时，要考虑对资源进行简单的修改以满足教学需要；在没有现成的资源供应用或者修改的时候就要设计、制作符合要求的教学资源。教学资源的选择应遵循如图4-1所示的四个基本原则。

图4-1 教学资源选择应遵循的基本原则

1. 目标控制原则

教学目标是一切教学活动的出发点和最终归宿，它不仅规定了教师的教学活动内容和方式，而且还控制了资源类型和资源内容的选择。

2. 内容符合原则

不同的知识点需要不同的教学资源，因此对教学资源的选用和设计应充分考虑教学内容的需要，根据需要选择教学工具。

3. 对象适应原则

根据不同年龄段学生的认识结构差别，教学资源的设计与选择必须与教学对象的年龄特征相符合。

4. 最小代价原则

根据最小代价来进行教学资源的选择，既要考虑资源的可用性又要考虑资源的成本，

争取做到资源的成本最低化、资源的作用最大化。

（二）教学资源的常用获取方法

1. 文本资源的获取方法

文本素材的主要来源有直接从键盘输入、扫描印刷品、从网络电子资源中获取。一般情况下文本素材是根据教学的需要编写的。如果文字数量多，也可以在一些电子书籍或者网页中获取。如在《百科全书》《上下五千年》等电子书籍及相关网站的网页中，就可以方便地找出许多文本素材。一般可以通过复制粘贴的方式获得，网页也可以直接用"保存网页"的方法保存下来。

2. 图片资源的获取方法

教学资源中的图片，按照用途可分为背景图片、按钮图片、与教学内容相关的图片。获取图片的途径一般有以下几种：一是从素材光盘中寻找。二是从教学资源库中查找，目前学校常用的教学资源库中都能够找到一部分与教学内容相关的图片资源。三是在网上查找，网络是一个巨大的资源库，充分利用网络能够查找到大量的图片资源，找到图片后，用鼠标点击选中要下载的图片，打开快捷菜单，执行"图片另存为"命令，然后选择相应的文件夹，用合适的文件名保存文件。也可以用"保存网页"的方法保存图片，从保存下来的网页文件夹中找到相关的图片。四是从电子书籍中获取。五是从画报、画册中扫描。六是从课件中抓取，可以用 HySnaPDX 或 Snagit 等软件在现成的课件中抓取相应的图片。七是直接在相应的图片处理软件中创作自己想要的图片。

3. 音频资源的获取方法

音频资源一般为背景音乐或效果音乐，有 WAV、SWA、MIDI、MP3、CI 等格式。音频的获取途径：一是从专业的音效素材光盘或 MP3 素材光盘中获取背景音乐和效果音乐；二是从资源库查找，很多教学资源库中都可以找到小学、初中、高中语文课本中的大多数课文示范录音；三是网上查找，MP3 中文网、中国音乐网、亚洲音乐广场等都能下载音频资料；四是从 CD、VCD 中获取。CD、VCD 可以用超级解新的音频播放器播放，然后压缩成 MP3 格式，再根据需要来决定是否转成其他格式；五是从现有的录音带中获取，方法是用音频线从录音机线路输出，再从声卡的线路输入口（或 MlC）输入，然后设置成线路输入（或 ZlC）录音，最后打开附件中的录音机进行录音，再保存在相应的位置；六是从课件中获取，大多数的课件中的声音文件都存放在 WAV 文件夹中，从中可以找到需要的音频资料；七是进行原创，把附件中的录音机设置成麦克风输入，把麦克风插入声卡的 MC 插孔，然后进行录音。

4. 视频资源的获取方法

计算机视频可以是来自录像带、摄像机等视频信号源的影像，但由于这些视频信号的输出大多是标准的彩色全电视信号，要将其输入计算机不仅要有视频捕捉设备，实现由模拟信号向数字信号的转换，还要进行压缩、解压及播放等相应的软硬件处理设备。

视频的获取主要从资源库、电子书籍、课件与录像及 VCD、DVD 光盘中获取，从网上能找到视频文件。资源库、电子书籍中的视频资料可以直接调用，课件中的视频文件一般也放在 exe 文件之外，不会和 exe 文件打包在一起，可以直接调用。录像片中的资料可用采集卡进行采集。若无此设备，可以去 VCD 制作店进行加工，把录像资料转变为 MPCE 格式或 AVI 格式，刻录后使用。VCD 可直接用超级解霸处理，但要注意 DVD 格式（MPCE-4）在 Authonvare6.0 中无法直接使用。视频文件获取，最可靠的方法是用采集卡进行采集，最方便的方法是用超级解霸进行采集。

用采集卡进行采集的方法：安装好采集卡并连接好线路后，启动采集软件，设置好相关参数后，打开录像机或影碟机进行浏览，发现要采集的内容后，单击"记录"按钮开始采集，记录完毕后，把采集到的信息保存为 AVI 格式即可。

用超级解霸采集视频资料：VCD、DVD 均可用超级解霸进行截取，具体是用其播放 VCD、DVD，单击工具栏中的"循环/选择录取区域"按钮使之激活，并且在适当位置确定开始点和结束点，单击"录像"指定区域为 MPG 或 MPV 文件按钮，打开保存数据流对话框，输入文件名，设置好保存位置、文件类型，单击"保存"按钮开始转换，用超级解霸中的常用工具，可以把 MPG 文件转换为 AVI 文件，或把 AVI 文件转换为 MPG 文件、MPG 文件转换为 GIF 文件，还可以把多个 MPG 文件合并为一个文件。

三、同步教学资源库

数字化教育资源库是数字化学习的重要支撑，也是教育信息化建设的重要内容。在国家的大力支持下，在教育部门制定的一系列措施的推动下，我国教育信息化建设在硬件设施的建设上已初具规模，除了加强硬件设施建设外，同时也要加强软件与资源的建设。目前互联网中的信息以指数方式增长，这些资源不仅在内容上多种多样，在表现形式上更是丰富多彩，但不足就是资源过于分散无序，与现行的新课程标准不能很好地同步、匹配。因此，在我国的基础教育中广泛呼吁建立同步教学资源库，并在大范围内共享教育资源。

（一）同步教学资源库概述

1. 同步教学资源库的内涵与意义

同步教学资源库就是根据现行的课程大纲要求和目标，将分散无序的教育资源整合起来，从而构成按照一套系统的、与课程大纲同步匹配的教学资源的集合。

同步教学资源库的建设有两个层面的意义：

首先，随着我国终身教育体系建设战略的提出，数字化学习支撑体系以及数字化教育资源库将会有更广泛的应用需求，同步教育资源库的建设能够使师生高效方便地将其应用于自己的教与学的过程中，并在大范围内实现优质资源的共享和辐射。

其次，随着我国教育信息化的逐步拓展，教学资源越来越丰富，教学资源的有效管理成为教育信息化的关键，同步教学资源库既能为各类学习内容对象提供高效的存储管理，又为各种使用者提供方便快捷的存取功能，还为教学管理者提供资源访问效果评价分析，从而系统地提高教学资源对象的利用率，促进教学资源更好地为实际教学系统服务。

2. 资源库的资源类型

目前中小学资源库的建设各具特色，普遍的开发思想是基于强大的教育资源系统管理平台，这些资源库根据不同年级、不同主干学科，与新大纲、新教材配套进行设计，每门学科包含大量教学素材，具体细分到每一课或每一单元知识点的内容，素材之间的关联以知识点为基础，然后在此基础上对资源库进行拓展。根据中小学教学的特点和实践，同步教学资源库的建设一般包括教学素材库、教学课件库、实验素材库、试题（试卷）库、备课资料库、教学案例库、参考文献库、工具软件库八大模块。

（二）同步教学资源库的构建

1. 同步教学资源库设计的原则

同步教学资源库的建设应该以现代教育思想和理论为指导，通过设置超级链接、提供多媒体资源等技术手段，构建起以师生为主体的内容丰富、形式生动、交互及时的资源库平台。其设计原则具体表现在以下几个方面：

（1）教学性原则

资源建设必须针对教学的需要，紧紧围绕学科特征、课程大纲和目标来建设，并且考虑教学应用的实用、快捷、高效性，做到与现行的课程目标同步。

（2）多媒体化原则

同步教学资源库的内容呈现应该是多媒体化的，尽量采用多种媒体，恰当生动地传递教学内容，因此在资源库中要提供大量的文本、图形、图像、音频、视频、动画，同时也鼓励采用超媒体以及流媒体等技术。

（3）个性化原则

同步教学资源库使用的主体是教师、学生和教学管理人员，资源库应该允许用户自主选择学习内容，提供个性化的定制服务，例如资源库中的用户个性化空间，由用户自主决定定制、分享何种资源。

（4）标准化原则

资源建设应以教育部颁布的《教育资源建设技术规范》等标准为指导，并结合学科、专业、课程特点制定资源建设标准。为提升资源库的可移植性，资源建设过程还应该遵循一定的数据标准，如 SCORM 标准。

（5）"开放、共建、共享"原则

开放就是资源要采用比较方便修改的方式组织；共建就是要发动教师参与资源建设；共享是要将资源有效组织，供全区域教师使用。

（6）易用性原则

结构化、系统化组织各种课件、教学案例、教学设计、教学反思、教学手记等资源，并且为用户提供便捷、快捷的搜索功能。

2. 常见的同步教学资源库构建模式

同步教学资源库通常有三种构建模式：一是通过专题网站形式构建同步教学资源库，这种方式指针对某一个专题而创设的网站，是一种很有针对性的资源库建设方式。二是以学科资源网的形式构建同步教学资源库，将各个学科的教学资源通过网页的方式链接在一起，由此而形成的资源网站。三是通过平台集成的方式构建同步教学资源库，该模式利用现成软件系统平台对批量资源进行管理，这种建库方式更快捷、更方便。

（三）同步教学资源库的应用

同步教学资源库作为教学资源系统化、结构化的集合，在教育中主要用于辅导教师备课、辅导教师课堂教学、辅助学生进行课外自主学习以及运用于社会教育。

1. 辅助教师备课

教师能够按照同步教学资源库中的结构化导航，快速定位到配套的特定单元（知识点）的备课资料，更重要的是教师可以通过同步教学资源库查找、获取大量丰富有效的信息来源，弥补自己原有知识的不足，应用于课堂教学中去。

现有的同步教学资源库包含了大量帮助教师有效开展教学的应用系统，如多媒体教学资源备课系统、网络课件制作系统、多媒体教学资源编目工具、分布式多媒体教学资源管理平台，等等，这些应用系统及平台将促进教师有效整合信息技术与课堂教学，优化教育教学过程。

2. 辅助教师课堂教学

各位授课教师可以直接下载同步教学资源库相关的案例、教学素材等直接运用到自己的课堂教学，从而提升课堂教学的质量与效率。同时在现有的同步教学资源库中有很多的模拟实验库，在多媒体网络教室中，教师直接可以将其运用到课堂教学中，让学生在生动的模拟仿真实验中更高效、更节省实验成本地开展相关的教学实验。

3. 辅助学生课外自主学习

同步教学资源库为学生的个性化学习提供了很好的支撑，无论是学优生还是学困生，都可以自主地进入相应的同步教学资源库系统中下载、订阅、共享自己喜欢的学习资源。

4. 社会教育

在社区教育理念的指导下，以网络为途径，以街道或小区为单位，延伸至社区居民的学习应用，组织社区居民集中学习。

第二节 大数据分析与英语教学

一、大数据学习数据分析与外语教学

（一）大数据学习分析的作用

就外语教学而言，学习分析技术的主要功能是以深入的数据分析，评估课程教学、教学程序和教学机构，改善现有教学考核方式，为学生提供更有针对性的教学指导。这也就是说，学习分析技术不仅可以帮助教师从学习行为角度解析学习动力和学习过程的发生机制，还可以基于学习行为数据分析，优化教学手段并为学习者推荐更有针对性的知识渠道开展自主学习。在教学过程中，学习分析可做以下两个方面的具体应用：

1. 帮助教师优化教学

在外语教学实践中，教师可通过学习分析技术及相关工具，获得学生学习过程、学习环境以及学习绩效等相关信息，为教师改进教学提供依据。教师从网络学习技术系统可以获取学习者行为数据，包括访问的网页、登录的时间、课程学习时间、完成课程作业情况，以及在课程网站的交互痕迹等。教师依据这些学习分析数据，掌握学生的学习风格和学习进展情况，通过学习分析数据，制定结构化评价工具并对学生进行动态化的形成性评估，获悉学生潜在的学习需求，从而调整和制订能够满足当前学生学习需求的教学方案。

2. 为学生自主学习提供分析指引

当前的网络学习系统已具有聚合和存储大量以学习行为为主的信息数据，通过学习数据统计分析与数据可视化呈现，学习者可获得揭示学习行为模式的学习报告，预测学习趋势和其他可能发生的教学与学习状态。学习分析作为学生学习需求的技术工具，除了用以诊断学生学习需求之外，它还能够有效地帮助学生诊断和缩小学习差距。通过学习分析技术，数据分析将可视化的学习绩效结果反馈给学生，学生据此自我评价，充分了解到自己的学习优势和不足，能使学生成为利用数据规划自我发展，实现自我发展的主动学习者。相关学习分析报告可使学生从中获得自己所有课程的学习情况，知晓每一门课程得分和总体学习水平，以及在班级横向比较中的学习程度等。系统还会对某门参与程度不高的课程标出警示，提示学生可以获取哪些方面的帮助而取得成功。可以这样说，学习分析技术能够成功地提高学生的学习成效。

既往困扰个性化自主学习的一个重要问题是针对差异化学习成效的评估与指导不足，因为对于不同学能、不同定位、不同知识基础的学习，采用整齐划一的终极性评价方法是难以得出科学结论的。应该用分析软件为每个学生建立详细档案，记录其在校期间完整的信息日程、学习经历以及其他个人信息。分析软件对这些信息进行分析，提出对时间管理、课程选择的相关建议，分析其他有助于学生在学业上获得成功的要素。由此可能为每个不同定位学生提供各自个性化的评鉴与指导。

此外，以往教学中学习者必须等到教师将作业批改完毕，才可能得到相应的提示。而应用学习分析技术，当部分学生学习投入不足时，系统分析结果就会自动给出提示，敦促学生加强相关学习。当学习分析技术生成使用信息后，教师也能通过信息追踪和分析判断自己授课的效果，进而通过相应的调整来提高教学成效，为每个学生量身定制个性化的学习课程和评价指导。

（二）大数据学习分析类别

1. 社会网络分析法

网络分析法本是社会学研究专事社会网络关系结构及其属性分析的规范方法，现已广泛运用于教育领域。当将学习者个体作为研究对象时，通过社会网络分析法我们可以轻易判断，学习者个体曾向哪些伙伴寻求过学习帮助，曾经在哪些方面产生过学习认知困难，又有哪些具体情境因素影响了学习者个体的学习过程等。当以整个网络作为研究对象时，社会网络分析法能够分析在线学习过程中的信息分布和个体学习进展情况等。这也就是说，学习分析的网络分析法可以方便了解学习过程中学习者的关联角色，以及相关网络形成的过程与特点，探究他们在学习中建立并维持连接，进而为自己获取学习支持的方法。运用网络分析法研究学习者个体对象，可以判别其产生认知的困难所在，也可以分析出影响其学习过程的情境因素，包括学习者个体之间的相互影响情况等。当用社会网络分析法研究整个网络时，主要关注分析网络中学习信息的分布及学习进展状况。

2. 话语分析法

话语分析法原本就是一种语言学研究方法，是建立在课堂对话基础上的口语分析方法，可直接在课堂教学的实践中发挥较好的作用。在"大数据"教学环境里，外语话语分析的对象不仅仅是教学过程中面对面的对话内容，它更多地涉及网络课程资源及其他网络交互形式中所产生的文本内容等。通过话语分析技术，我们可以对网上学习交流过程中的话语文本含义有更深入的解读，从而对整个学习过程的知识建构状况获得全面清晰的系统认识。

话语分析法也是针对学习交流过程的分析方法。其分析对象包括学习交流过程的对话内容、网络课程或会议文本内容和网络异步交流等所有相关内容。运用话语分析技术，不仅仅便于掌握网络学习交流中话语的文本性含义，还更有助于探究知识的建构过程，使教学研究者获得学习发生过程的清晰认识。

3. 内容分析法

内容分析法是一种对传播内容进行客观和系统定量描述的研究方法。其实质是一种渐次推理的过程，是对所传播内容信息含量及其变化的具体分析，即是由表征意义的词句推断出准确意义的过程。在外语教育中运用内容分析法不仅可以清晰掌握学习者行为模式而对学习过程数据的定量分析，还可对其实现定性分析。内容分析法是为预测学习者行为、提供个性化学习资源服务的。内容分析法与相关工具软件，不仅能够保证文本内容分析，同时也可以轻松应对多媒体内容的数据分析，内容分析法的搜索功能能够实现对多媒体图片、影视视频等一切文件格式教育资源的多元搜索，并对学习过程中运用的文本和多媒体信息进行标注和数据分析。内容分析法方便教师了解学习和交互的发生规律，也便于掌握学习资源的分布情况。

4. 学习分析基本模型

为实现上述目的，实际应用中尚需构建以下学习分析基本模型。

首先是学习分析需要大量数据作为支撑，仅仅依靠结构化数据是远远不够的，必须同时收集不同系统中的非结构化数据，以保障分析结果的科学与完整。教育信息系统中已经积累的大量学生信息课程信息和教师信息等，这些档案类信息都是学习分析的重要数据源。课程管理系统（CMS）和学习管理系统（LMS）中也蕴藏着大量有待挖掘的信息，包括课程中师生间及学生间的交互信息、学生作业完成情况等学习表现和行为信息以及基于教师经验、教师观察和教师直觉的课程指导方针等，所有这些都是形成决策分析必须采集的信息。

其次是数据处理。鉴于结构化数据考量尚难认定学生课堂知识的准确吸收量，所以需要通过其在系统中上网、登录频率、错误概率、单一科目停留时间等行为反应，将学习分析基本模型转化为可量化的数据来分析其学习过程，以便对学生的学习行为有更多微观深入的了解。

再次是软件分析。学习分析软件按照专业程度来分，可分为"专用工具"和"通用工具"两种。"专用工具"是专门针对某一项目具体要求开发设计的核心分析工具，在分析过程中运用该工具搜集和分析学习者数据，进而指导教学。"通用工具"是原来应用于互联网、可用性设计等其他领域的工具，后来被转用于教育情境下，用于分析学习者如何使用教学系统。

最后是行为干预。学习分析结果用来评估学生学习表现和学习效果，需要及时向学习者反馈学习成绩与指导意见，同时还需要根据学生的学习效果，有针对性地指导学生调整学习内容和方法，为学生提供具体帮助，以提高学生的学习兴趣与学习能力。

二、"大数据"对外语教育变革的支撑作用

（一）大数据信息的高速聚合和高度智能进化功能

"大数据"具有高速聚合和不断智能生长进化适应的强大组织功能。在"大数据"技

术背景下，数据生成不专属于收集和整理部门，也不仅只存在于有具体结构的数据系统之中，数据产生于社会的各行各业，同时也运用于各行各业。尤其近年来，上下文内容、上下文变化以及上下文历史感知和应用情景感知（Context—aware）的系统智能技术，又得到进一步进化，自Web2.0之后，新的网络传输与计算技术不仅能够为广大学习者提供便捷的知识信息，也将传统的信息使用者同时变成了信息的提供者。这也就是说，每个人都可以通过网络来获取自己需要的信息，也可以发布自己认为有价值的知识信息与他人共享，使外语教学所需学习资源智能进化生长。

由于相似信息资源庞大，信息数据处理跨度，具有信息内容高速聚合和高度智能进化适应的本质特性，能够使外语学习获取丰富多彩且与时俱进的丰富学习资源。这一技术特性，无疑也方便外语教师随时建构最新的外语学习资源，通过网络教学平台开辟"外语视频聊天室""基于4G手机的外语翻译在线支持系统"等教学渠道，构成英语学习文体聚合模型及内容、练习、评价、活动、生成性信息、多元格式等应用程序，为学生提供多样个性化的实时交互指导。

（二）学习信息与资源的高度专业化链接

"大数据"技术能够继续拆分微内容至最小单位，使词义标准化和结构化，进而实现微小信息和微内容之间的语义连接，智能搜索引擎提供基于语义的检索与匹配，帮助学习资源和学习者之间实现专业化链接，不仅高速聚合了相关专业信息，也方便了专业人群之间的联系。因此，开放与合作学习日渐成为当今世界首列的学习行为准则，互联网在将全球各地的人们连接起来的同时，也将分散于各地的信息连接了起来，产生了数据来源于合作、合作产生更多数据信息的良性循环局面。以至不同地域的同业学习者被轻松整合在同一平台上一起学习与思考，激发起创造的冲动，碰撞出创新的火花，由此产生越来越多的数据价值服务于人们的专业学习过程。这样的学习方式也改变了人们的竞争意识，合作与竞争共存是当代人的发展理念，人们不再沉溺于竞争现有蛋糕的狭隘博弈之中，而是冀望在数据挖掘中发现更多的潜在需求，进而创造新市场极限把蛋糕做大，争取合作竞争实现利益双赢。

对于外语学习来说，终将在这样的时代理念下建立双边和多边网络连接的合作学习，以至"水涨船高"地实现学习成效和学习水平的大幅度提高。在这一技术的实际应用中，当前已有高校与出版商合作，在数据挖掘中发现更多潜在学习需求，将外语教学资料制作成多样形式的教学资源上传互联网，形成网络课程，为外语学习者提供了颇具针对性的学习资源，实现了多边的合作互利互赢。

（三）对教育观念与形式的解构与重构

"大数据"为21世纪带来全新的认知观念和行为方式的同时，也带来了教育观念与教育形式的解构与重构。网络技术使人们生活的时间和空间概念都发生了剧烈的改变,"大数据"时代尤其如此,教育领域中MOOCS的出现使分布在世界各地数以十万计的学习者,可以在线学习同一门课程。在线学习系统还可以在任何时间和任何地点提交作业、提出问题、获取教师或同伴对相关问题的解答,或连接其他任何相关网络资源。由此起始,当前MOOCs等以免费和开放为特征的网络开放性教学资源,在解构传统课程教学的同时,也重构了基于互联网的新教学流程,催生了"颠倒"教学流程的"翻转"课堂和"碎片化"解读知识的"微课"课程等革命性的教学创新。

(四)无所不包的数据信息聚合能力

语言产生亦被应用于一切语境之中,外语教学需要各式各样的教学语境信息。而以往的外语教学往往仅具备单向度的主流意识信息,因此使许多词语语义变得抽象空泛而不易理解。在"大数据"时代,数据摄取与产生数据者的意志和意识并无直接关联,一切都可以成为数据,一切数据都是社会团体与个体共享的需要。人们的消费行为数据为商业分析需要;遍布大街小巷的摄像记录数据,为国家安全和区域治安需要;道路通行的车辆记录数据,是交通管理的需要;网络用户的浏览痕迹数据,是互联网智能管理的需要。搜索引擎等网络系统依据用户浏览内容来判断用户意图与兴趣,发送到人们邮箱里的个性化商业广告也是据此推送的。由于数据与产生数据者的意志和意识无关,因此"大数据"所囊括的信息数据无所不包。"大数据"这一功能特性,恰好吻合外语教育资源社会性、文化性、认知性和信息性的综合需要,有效破解了外语教育语境缺乏的教学瓶颈。

从上述几个方面扼要的列举中,足以使我们欣喜地看到,"大数据"带来的不仅是新奇和便利的技术功能与使用方式,它更给我们带来了一种全新的认知观念。这一切由"大数据"悄然引发的改变,无不是外语教学与学习变革的有力支撑。

三、大数据时代外语教师的职业发展

(一)"大数据"语境下的教师角色定位

1. 外语教学活动的组织引导者

在大数据背景下,教师不再是知识的唯一拥有者,教授也不再是知识唯一的传授方式,学生可以从多种渠道的学习资源中汲取丰富的知识信息,但是高等教育仍然需要有序组织,学习活动仍然需要教师充当起学习的组织者。尤其当前学生由传统教育走向自主泛在学习的过程中,还存在颇多的制约因素,包括学生的学习观念与学习习惯转变问题,学生面对复杂的学习信息可能会缺乏判断而无所适从。因此,大数据背景下的教学过程中,需要教师充当学习活动的组织引导者,引领学生能动地适应应用数字技术的自主学习环境。

大数据模式下教师与学生的教学互动,除了教师或学生面对面地交流之外,更多的交互发生在网络实时或非现时的讲解、分析和讨论之中。教学采用网络学习系统自动反馈、部分作业教师反馈、教师集中反馈等多种形式对学生的学习给出评价。在教学过程的开端，需要教师精心设计并组织协调；在教学过程中间，又需要教师积极地引导学生纳入正确的学习轨道，并监控学习质量、督促其学习进度，教师的职能职责无疑发生了很大幅度的改变。

2. 外语教学资源的研发者

传统教学模式中，教师仅是既定课程计划和学习资源的实施与应用者。虽然外语教学中也运用计算机网络技术将部分教学内容数字化为"多媒体"资源，也为学生提供可登录学习的信息平台等。但限于教学资源建设相对静态，上述线性集中的学习资源，多半只是以数字化形式重复纸质文本资源信息，加上教学管理机制的种种限制，多媒体资源带给学生自主学习的知识支撑极其有限，教师的创造性也无从谈起。

而大数据技术为学生提供了超越时空和无缝对接的泛在学习环境，因此教师将责无旁贷地肩负起构建超越时空而无所不在、个性化动态发展的学习资源。由于学习是由不同发展定位、不同学能和学习程度的不同学生，依据自己预期知识建构需要而实现的差异化的、随时随地的个体性学习，所以教师需要为之创建相对应的学习资源，这些资源还必须是动态发展的，以满足不断发展的学习需要。在依托大数据技术的教学创造中，教师需要以科学、创新的态度研究时代的教育理论、教学规律、教学模式和教学方法，并以动态的观念去构建不断进化发展的学习资源。在当前web3.0互联网应用技术条件下，教师和学生能够共同构建和协同编辑这些学习资源，而无须依赖专家或权威机构发布。

（二）大数据背景下外语教师的职业发展

由于现代教育技术半个世纪以来突飞猛进的发展，学生学习的资源、学习方式、学习环境场所等都发生了革命性的改变，外语教育的教学手段和教学资源得到了极大的丰富，如何提升自身的网络与信息技术的运用能力和数据分析能力，担当起高校外语教师新的角色，掌控学习过程并兼顾形成性评价，已成为高校外语教师亟待研究且无可回避的现实课题。

职业的专家型教师应该具备的复合型知识结构，应该成为每一位外语教师自我完善的努力目标。精通自己所从事学科领域的系统知识，即掌握相关外语学科专业最新知识和具有运用的能力；熟悉教育科学知识，具有娴熟使用英语实现教育的能力；具有较高层次的自我修养意识和道德人格，善于不断自我评价和自我完善；此外，具备开阔的学术视野，掌握多学科的基本科学人文知识，也是一名职业教师所必备的基本素质。对照以上四条标准可以发现，高校外语教师队伍中不仅存在"结构性短缺"和"低水平过剩"问题，还存在如何突破职业发展困境、确定发展定位、选择发展路径等问题。

在大数据时代的教学环境中，多元化的教育模式使网络技术又产生了学生对教师教学新的预期，亦给外语教师增加了新的工作压力，面对这一发展趋势，高校外语教师既要面对教学任务繁重的现实压力，又要转身迎接大数据时代带来的巨大挑战。

教师需要认识自己在新教学模式中的角色定位与教育使命，及时转化角色并努力提高自身的能动适应性，使自己成为能动性适应学习信息聚合结构中的一种有机驱动力。随着大数据时代外语学习途径的多元化发展，学生对高校外语课堂变革的期望也会有所提高，高校外语教师需要掌握数据分析的技能与方法，进一步改进课堂教学模式和教学方法，充分利用共享开放的网络学习资源，积极投身于微课程和翻转课堂的教学尝试，以关联理论和学习策略为指导，努力培养学生能动关联的学习意识和学习兴趣，引导他们从被动接受转变为主动探索知识，使学生听、说、读、写、译综合应用能力和大数据背景下外语教师的职业素养得到同步提高。大数据技术重塑了当代学习者社会交际与知识学习的行为习惯，也将彻底改变高校外语教学的传统模式和外语教师本身。

总之，传统高校外语教学以教材为主讲解单词、句子和课文，并由教师周而复始的课堂语言知识讲解的教学将一去不复返。在大数据时代的高校外语教学中，教师拥有知识资源的权威性受到挑战，由大数据汇聚而来的海量开放共享的外语学习资源，使学生同样可以轻而易举地获取外语学习资讯。

为此，根据学生个性化需求而广泛获取、整合、分析和处理各种分散性学习信息资源，帮助学生确立长远发展目标、制订个性化学习计划，传授外语学习具体策略和方法激发学生外语学习兴趣，促进学生学会自主学习和合作学习，指导学生不断修正学习方法和学习计划，并对学生的学习提出评价和实施监督等等，所有这一切组织、引导和协调的能力，都是大数据背景下外语教师所必须具备的职业能力，也因此成为外语教师职业发展的具体努力方向。

第三节 网络资源与英语教学

一、网络资源的优势

网络多媒体资源与实体资源相比，具有以下优点：

（一）海量信息，覆盖面广

在浩瀚无边的信息资源海洋里，人们几乎可以查找到所有题材的资料，可谓无所不有。如各种语言的文学和文化素材、新闻报纸杂志、教学研究论文、英语教学素材、教案、教参、教学游戏、自学辅导材料、英语教师进修站、学位课程选修点等等。因此，互联网为英语教学提供了取之不尽、用之不竭的语言教学和学习素材。互联网是一个虚拟的无纸化的媒体，它没有纸质教材的体积限制。进入互联网仿佛进到一个巨大无比的图书馆，将网络资源说成"海量"一点也不为过，语言教师和语言学习者可以根据自身需要，对信息进行筛选、探索和整合，从而形成对自己有意义的建构。

（二）实时更新，传播及时

互联网上的信息传输速度非常快，更新非常及时。网上的资源如此之大离不开不断增加和实时更新的信息。从广义上来讲，互联网上的资源包括电子邮件、电子论坛、微博等各种实时交流手段。通过电子邮件，人们可以及时收发信息；通过微博，人们可以随时随地进行各种话题的讨论和交际；通过电子论坛或杂志，人们可以获取最新的研究成果和信息。与传统的书报相比，网络的信息发行可以做到真正意义上的"及时"。无论是一则新闻还是一项新的科研成果，都可以在第一时间向全球发布。而传统上的书报却要经过印刷、发行等渠道，最快也要半天（如报纸）才能呈现在读者面前。如果是国外某项研究成果的专著，那么要让我国的读者分享可就要等上至少半年的时间。

（三）突出个性，因材施教

由于信息量大、涉及面广、查找便捷，网上资源非常适合教师的个性化教学需要，帮助他们编写出具有个性化特点又符合学生语言水平的教材。教师在准备教材时，可通过搜索引擎输入关键词，访问相应的网站，轻松地查找到所需的资料。经过下载、复制、重新编排，形成富有个性的教材。而传统的教材在编写时间上没有网络资源那么及时，在内容的难易程度和固定篇幅上不适合于"因材施教"。因此，教师往往要花大量的时间查阅参考书，对大量的教学内容进行选择和适当调整。如果教师照本宣科，那么他的教学就缺乏个性，这样的教学是达不到应有的效果的。

（四）资源共享，经济便捷

大部分网络资源可全球共享，而且绝大部分可免费获取，即使有一些网络资源需要付费，但与传统的报刊相比还是非常便宜的。语言教师可以花很少的钱，利用网络资源建立一个中型甚至大型的个人虚拟图书馆。教师一旦建立了个人虚拟网络图书馆，就能非常省时、方便地检索资料，所需资料往往只在弹指间就能轻松搞定。由于这些工作都是利用计算机来完成的，对选中的资料可以轻松地进行复制、粘贴和重新排版，制成电子教案或打印出具有个性化的教材。

二、网络资源的表现形式

（一）文本资源

在信息技术如此发达的今天，大部分新信息都是通过文本来发布的。文本资源是网络资源中最常见、最丰富的资源。在外语教学和研究中，要了解语言的发展趋势和最新研究动态，只需要输入关键词就可以在搜索引擎中检索到想要的信息。传播速度快是网络资源的优势之一。信息的范围广、内容丰富是网络资源的另一大优势。当我们在教学中感觉到所使用教材内容太陈旧、题材受限制、需要更多的文本材料以补充所教内容时，就可以利用互联网搜索与教学有关的文本资料。例如，在英语阅读教学中，教师可在英语报刊网站选择适合学生语言程度的各种题材最新的文章，让学生更全面了解英语语言国家的背景知识、新闻、逸事。利用网络资源使教、学双方摆脱了书本知识的局限性，摆脱知识陈旧和语言不真实的问题，使学习者所学的知识和了解的信息与时俱进，使研究者的研究总是走在时代的最前沿。

（二）视、听资源

外语教学的最终目的是使学生掌握语言知识、语言技能，培养他们正确的文化意识、学习策略和情感态度，提高他们综合的语言应用能力。教师在教学中，除了向学生传授英语基本知识（语音、语法、词汇等）外，还应该培养学生的听、说、读、写能力。我国英语教学缺乏语言环境，学生的听、说能力得不到应有的训练，而网络上的视听资源广泛，真实性强的视听素材可弥补这一缺憾，对培养学生的听说能力很有帮助。利用好这些视听资源将会大大地提高学生的听说能力。网络视听资源主要有广播新闻（如 BBC、VOA 广播）、影片视频（如 YouTube、CNN）等。这些英语视听资源形式多样、内容丰富，不受时间、空间的限制，且内容新，时效性强，英语发音地道、纯正，对培养学生的交际能力很有帮助。网络视听资源的下载和使用也十分方便，如今已被许多英语教师运用于视听课教学之中。

（三）在线词典、翻译工具

在线词典（On-Line）是基于 Internel 环境，为用户提供实时词语查询服务的数字化参考工具。互联网上的在线词典不仅种类繁多、数量巨大，而且语种齐全、专业性较强。在线词典更新快，已经形成了一个庞大的包括多语种、多学科、多类别词典的资源库。近年来，各主要权威性出版社都出版了自己的网络版词典，如英国牛津出版社出版的《牛津英语在线词典》等，在内容的权威性、释文的经典性、条目的完备性等方面都具有一流的水平。基于庞大的网络语料库的免费网络词典，如网易公司旗下的有道在线词典在检索新词，尤其是在中国特有词汇的汉英翻译方面具有独特的作用。此外，在线词典以及部分搜索引擎除具备词典功能外，还能进行短文翻译，起到了在线翻译的作用。

（四）语料库资源

语料库在外语教学和研究中所发挥的作用越来越大。通过检索网络语料库资源，教师可能得到真实、地道的语言例句，或是进行语言对比分析研究。目前网络上可直接免费使用的语料库有 BNC、COBUILD 等。BNC（British National Corpus）是英国牛津出版社、朗文出版公司、钱伯斯—哈洛普出版公司、牛津大学计算机服务中心、兰卡斯特大学英语计算机中心以及大英图书馆等联合开发建立的大型语料库，该语料库书面语与口语并存，词容量超过 1 亿，包括国家和地方报刊、理论书籍、通俗小说、大学论文、信件以及谈话录音文本等。COBUILD 是信息网络时代最早出现的大型英语语料库，由 Collins 出版社与伯明翰大学合作完成，英语库词容量已达 4 亿 5000 万，可在网络中直接检索的试用语料库含词 4500 万。COBUILD 已成为 Collins 词典和语法书的语料来源。以上两个语料库均取材广泛、规模宏大，是不可多得的语言学习工具。

在外语教学中，纯粹的课本或辅导书已经不能满足师生的要求，教师需要更为全面和真实的语言实例。通过网络语料库的检索，教师可以将真实的语料应用于英语教学中，使语料库成为英语教学的又一种资源选择。将语料库应用于外语教学可以改变传统的以教师为中心的教学模式，鼓励学生参与，充分发挥学生在学习中的主动性、能动性和积极性，帮助学生在丰富的语言实例中找出共性，得出规律。教师也可以更形象更直观地向学生展示各项语言知识。不过，教师要事先挑选好合适的语料资源，否则会造成盲目学习或者课堂混乱的结果。

三、英语网络资源

（一）学术文献

1. 学术文献网站

国内外许多高校和研究机构提供了本单位的学术文献免费搜索服务，或建立了免费学术搜索平台，为学者或研究人员提供了大量免费的网络电子杂志、图书和研究报告。

（1）Oaister

Oaister 是密歇根大学开发维护的一个优秀的开放资源搜索引擎，收集了来自 1500 家学术机构的 3000 万篇文档，包括期刊文章、工作论文、讨论文章、会议论文和学位论文。读者可按关键词、题名、创作者、主题或资源类型进行检索。检索结果有资源描述和该资源的链接。

（2）Google scholar

Google scholar（谷歌学术搜索）是一个可以免费搜索学术文章的网络搜索引擎。通过输入关键词，用户可查找包括期刊论文、学位论文、书籍、预印本、文摘和技术报告在内的学术文献，内容涵盖自然科学、人文科学、社会科学等多种学科。Google 公司与许多科学和学术出版商进行了合作，包括学术、科技和技术出版商，例如 ACM、Nature、IEEE、OCLC 等。这种合作使用户可以通过 Google scholar 从学术出版者、专业团体、预印本库、大学范围内以及网络上获得学术文献，检索到特定的学术文献，包括来自所有研究领域的同级评审论文、学位论文、图书、预印本、摘要和技术报告等。

此外，当通过 Google 搜索时，在关键词的后面加上"PDF"或"doc"，可检索和直接下载一些有价值的免费学术文章。

2.CNKI 知网

CNKI 是中国知识基础设施工程网（简称知网），CNKI 由清华大学、清华同方发起，始建于 1999 年 6 月。经过多年努力，建成了具有国际领先水平、世界上全文信息员规模最大的"CNKI 数字图书馆"及 CNKI 网络资源共享平台。该库是目前世界上最大的连续动态更新的中国期刊全文数据库，收录了国内 8200 多种重要期刊和部分基础教育、大众科普、大众文化和文艺作品类刊物，内容覆盖自然科学、工程技术、农业、哲学、医学、人文社会科学等各个领域，全文文献总量 2200 多万篇，CNKI 中心网站及数据库交换服务中心每日更新 5000~7000 篇。CNKI 是一个权威性的学术期刊网，是师生进行教学科研时所使用的参考资料最重要的来源之一。

目前，几乎所有的高校都购买了 CNKI 电子期刊的使用权，只要是在校园网内，师生都可以免费检索到刊登在各种各样的学术期刊上的文章。如果不在校园网内，也可以通过购买使用卡，检索和下载知网上的电子期刊中的论文。

CNKI 收录了几乎所有具有 CN 刊号的期刊、会议论文、高校的硕博论文等，通过知网可检索到的相关文章往往数量庞大。在众多的检索项中，检索者应具备辨别其学术价值和参考价值的能力。

（二）英语教师专业网站

1. 专业学会网站

（1）IATEFL（国际英语教育研究协会）

国际英语教育研究协会是全球英语教育学术研究的权威机构，负责制定英语教育的国际化标准，指导世界各地英语教育机构实施其高标准的英语教育方案和教学规范。国际英语教育协会的网站设在英国，其会员遍布世界 100 多个国家，它的会员除了可以得到一份双月刊的电子版 IATEFL Newsletters 外，还可以参加它的 14 个兴趣小组（SIGS：Special Interests Groups）中的任意一个。该网站为全球的英语教师提供各种教学信息，举办英语教学论坛、学术会议，以及其他英语教育网站链接等资源。

（2）TESOL（国际英语教师协会）

TESOL（Teachers of English to Speakers of Other Languages）是非英语母语国家英语教师的全球性专业组织，是世界上最大的 ELT 组织，总部在美国，会员超过 5000 个，个人会费每年 50 美元。该网站提供了一些应聘 TESOL 的教师情况，TESOL 培训课程、资格认证、英语教学信息、教学论文等信息。TESOL 的主要出版物有 TESOLMatters、TESOL、uarterly 等，它还设有许多兴趣小组，如应用语言学、计算机辅助语言学习、EST.EFT 等，是一个很好的服务于英语教师的网络资源。

2. 在线期刊网站

（1）ELT Newsletter（英语教师通讯）

ELT 是一个为英语教师从事教学研究的交流平台。在其网站上，英语专业教师可以阅读到每周五更新的英语教学文章，题材涉及少儿英语、成人英语、通用英语、商务英语、英语考试、当前研究的热点理念，如神经语言程序学（Neuro - Linguistic Programming）、多元智能（Multiple Intelligences）等；在 ELT 论坛上，英语教师还可以讨论英语教学、提交英语教学论文以及通过链接访问其他教学网站。

（2）TESL - EJ（英语二语教学电子杂志）

TESL-EJ 是由一群热衷于出版免费学术杂志的学者于 1994 年创刊的，由于其严谨的办刊原则，现已成为一个国际公认的各国英语教师的教学资源网。在 TESL - EJ 发表的每篇文章均需经过两名专家的推荐和审稿，在学术上有很高的权威性，该杂志与常规的印刷杂志相比缩短了从投稿到出版的时间，排除人为因素，所有文章在提交后只要 6 周就可以在网上见稿。

（3）Humanising Language Teaching（人性化语言教学）

《人性化语言教学》不仅仅是一个网络电子期刊，该网站还提供了与英语教学相关的教学资源，如笑话、短文、语料库、课程大纲、书评、诗歌、学生的练习、读书笔记等内容，是一个对英语教师和学习者非常有帮助的语言教学与研究资源。

3. 语言活动网站

（1）Test Your English（语言能力自测网）

语言能力自测网是一个供用户自测英语水平的网站。该网站提供的词汇自测分为 3 级：第一级需要作答 80 道选择题，可测试 8000 以内的词汇量；第二级作答 120 道选择题，测试 15000 以内的词汇量；第三级作答 120 道选择题，测试 25000 以内的词汇最。网站还提供了听力水平、语法、阅读、写作等能力测试。在该网站上做题都需要注册，但注册是免费的，如果没有注册，只能作答第一级词汇测试题和听力练习题。

（2）Tower of English（英语城堡）

英语城堡是一个帮助英语学习者和教师快速找到最好的真实的英语练习的目录网站。该网站分 39 类，如文学、艺术、语法、词汇、电影、歌曲等，并与 300 多个教学资源网址相链接。

（3）Teen Advice Online（青少年论坛在线）

青少年论坛在线是一个非常适合中学生阅读的网站。该网站的整体设计赏心悦目，运行速度极快，网站的内容每周更新一次，涉及与青少年成长相关的话题，如生理健康、服装、法律、健身、约会与性等。所用的语言浅显易懂，内容涵盖面广，许多内容是由青少年志愿者根据自身经历提供的，该网站的语言程度适合于青少年英语学习者。

第四节　英语网络教育资源建设

一、网络教育资源建设

（一）国内外基础教育网络教育资源建设的现状

目前，已经有很多国家先后建立教育资源门户网站，如美国教育资源门户网站，该网站中没有放置任何教育资源本体，主要是一个教育资源元数据描述的记录数据库加一个搜索引擎，把各类教育资源联系到了一起，为美国乃至全世界的教师、家长、学生提供大量的教育资源信息。英国早在1998年建成了全国教育门户网站——全国学习网络（NGFL），以求连接所有的学校与教育机构。经过几年的建设，NGFL已经成为欧洲最大的教育门户网站，而且具备强大的搜索功能。

总之，国外对网络教育资源库建设并没有一个统一的定位，都是根据教学实际和科研需求而提供相应的内容，表面上看起来零散的资源却能为用户提供有效的服务，因为国外信息渠道比较丰富，除了互联网还有大量的图书馆和资源中心，用户可以通过多种方式获取信息。

教育部2000年11月提出："用5至10年时间在全国中小学基本普及信息技术教育，全面实施'校校通'工程，以信息化带动教育的现代化，努力实现基础教育跨越式的发展，通过教育信息化走向教育现代化。"教育部动用了较大的人力、物力和经费建设21世纪网络课程。目前，已完成中国网络教育平台的建设，重点抓网络教育资源的建设。自1998年以来，教育部已批准67所高校开展网络远程教育试点，各试点学校努力创设网络学习良好环境。

中国基础教育知识仓库（CFFD）是国家重中之重、国家级火炬计划项目，由中国学术期刊光盘版电子杂志社研制，教育教学与知识资源对全国学校、师生提供商品化共享服务。共享方式为个人上网、网上机构包库、校园网开放式镜像站点、校园网封闭式镜像站点、电子阅览室或多媒体教室以光盘局域网方式共享。

我国已初步形成现代化教育资源体系的雏形，但各校资源建设的速度和质量还不适应网络远程教育的发展，资源建设仍然是当前影响网络远程教育发展的瓶颈，教育资源仍是试点学校十分关注和需要解决的课题。

（二）教育资源素材开发工具

多媒体素材库包括：各类文字素材、图形素材、图片素材、音频素材、视频素材、动画素材等。文本素材的开发可通过传统的键盘输入、语音识别输入、扫描识别输入外，还可以采用文本抓取工具——Snaglt 抓取文字，然后采用写字板或 Wonl 进行编辑整理。

图形、图像素材的采集可通过软件创作，扫描仪扫描，数码相机拍摄，数字化仪输入，从屏幕、动画、视频中捕捉，常见的图形创作软件有"Windows"附件中的 Paintbrush，还有专用的图形创作软件，如 Auto CAD，Core DraW，Freehand，Illustrator，还有专业的图像编辑软件 Photoshop 等。而屏幕抓图是用 Hyper SnaP-DX、Capture Profession、Print Key、Snaglt 等软件抓取屏幕上任意位置的图像。

音频素材的采集与制作可以通过计算机的声卡，从麦克风中采集语音生成 WaV 文件，从 CD 或 VCD 中的音乐中抓取或转化成 MP3、VoF 等格式的声音文件。

视频采集可用视频捕捉卡配合 Media Studio 和 Premiere 等软件采集录像带上的素材，还可以利用超级解霸等截取 VCD 上的视频片段或把视频文件 DAT 转成 AVI 文件等。

动画素材可用 AnimatOr3D、Studio max、Flash 等制作二维或三维动画。当然多媒体素材资源库的建设还可以购买数字媒体资源，如资源光盘、资源数据库等或从 Internet 上搜寻下载大量分散的免费资源。

有了优秀的素材，还要对其进行筛选和数字化加工，避免资源的重复建设和浪费并上传共享，与外界交流，从而建成校园网实现"校校通"的学校充分共享资源。并调动所有能调动的相关人员，在统一规划与指导下参与到资源建设中来，以发挥每个人的智慧与创造性，及时为教育资源库补充新鲜血液。

（三）英语网络教育资源建设的理论基础

1. 建构主义学习理论

建构主义也译作结构主义，是认知心理学派中的一个分支。建构主义理论一个重要概念是图式，图式是指个体对世界的知觉理解和思考的方式。也可以把它看作是心理活动的框架或组织结构。图式是认知结构的起点和核心，或者说是人类认识事物的基础。因此，图式的形成和变化是认知发展的实质，认知发展受三个过程的影响：同化、顺应和平衡。

（1）同化

同化是指学习个体对刺激输入的过滤或改变过程。也就是说个体在感受刺激时，把它们纳入头脑中原有的图式之内，使其成为自身的一部分。

（2）顺应

顺应是指学习者调节自己的内部结构以适应特定刺激情境的过程。当学习者遇到不能用原有图式来同化新的刺激时，便要对原有图式加以修改或重建，以此适应环境。

（3）平衡

平衡是指学习者个体通过自我调节机制使认知发展从一个平衡状态向另一个平衡状态过渡的过程。

建构主义源自关于儿童认知发展的理论，由于个体的认知发展与学习过程密切相关，因此利用建构主义可以比较好地说明人类学习过程的认知规律。即能较好地说明学习如何发生、意义如何建构、概念如何形成，以及理想的学习环境应包含哪些主要因素等等。总之，在建构主义思想指导下可以形成一套新的比较有效的认知学习理论，并在此基础上实现较理想的建构主义学习环境。

建构主义学习理论和建构主义学习环境强调以学生为中心，要求学生由外部刺激的被动接受者和知识的灌输对象转变为信息加工的主体、知识意义的主动建构者；要求教师由知识的传授者、灌输者转变为学生主动建构意义的帮助者、促进者。依托多媒体计算机和网络技术、建立英语教育资源网，正是建构主义学习环境下的理想认知工具，有利于创设"情境"，促进学生"协作"、建立"会话"桥梁，达到"意义构建"的良好学习环境的建设的体现。学习资源是指提供与问题解决有关的各种信息资源（包括文本、图形、声音、视频和动画等）以及通过WWW从Internet上获取各种有关资源，学生自主学习、意义建构是在大量信息的基础之上进行的，所以必须在学习情景中嵌入大量的信息。丰富的学习资源是建构主义学习一个必不可少的条件。另外还要注意怎样才能从大量信息中找寻有用信息避免信息污染，因此教学设计中要建立系统的信息资源库（或使用现有的资源管理系统），提供引导学生正确使用搜索引擎的方法。

2. 系统设计理论

教学系统设计理论强调，整个教学是以系统的形式存在的有机体，是由诸多要素以一定的结构组成的具有相对功能的系统，整个教学系统是由不同层次的等级结构组成的开放系统，它处于永不停息的运动之中。教学系统设计把教育、教学本身作为整体系统来考察，并运用系统方法来设计、开发、运行和管理。即把教学系统作为一个整体来进行设计、实施和评价，使之成为具有最优功能的系统。

教学系统设计作为对学习者学习绩效或教学问题的解决方案进行计划筹谋的过程，对学习资源的设计与建设尤为关注。学习资源系统是教育系统中的一部分，它是由多个要素组成的。如设计的资源和可利用的资源；硬件资源、软件资源；人力资源和非人力资源；知识资源、智慧资源、工具资源、素材资源；本地资源（实库）和导航资源（虚库）、专题资源和综合资源；大型、中型、小型、微型资源等。而每一个要素又可以看作是学习资源系统的子系统。

按照系统论的观点,学习资源作为一个系统必然要与比它更大的系统——整个社会的教育系统,甚至与社会这个大系统发生联系。而社会大系统中许多其他子系统都与教育有关,都具有提供学习资源的潜在可能性,因此在进行学习资源系统设计时,要将整个教学系统与能够提供学习资源的潜在可能性的社会系统联系起来。社会大系统给学习者的学习提供了更丰富的学习资源,这与教育技术的核心观念是一致的。即利用一切可以利用的资源,为促进学习服务。那么如何为学习服务呢?首先,要系统地了解、研究和规划可用于学习的社会资源和机会。其次,要把社会型学习资源与教育系统复合体联系起来,做统一的规划和安排。最后,在教学系统设计过程中为社会型学习资源的利用安排适当的机会,以充分发挥这些资源的作用。

3. 信息加工理论

信息加工理论是20世纪50年代中期在西方兴起的一种认知心理学思潮,以信息处理的过程来说明人的认知过程及其机制,解释人的复杂的行为。它借助合理的科学方法,可以解释人类的许多思维过程,使得人类的高级思维过程不再那么神秘了。例如对选择性注意、编码、贮存和提取等信息加工过程的分析,有助于我们进一步了解人类学习的内部过程。信息加工理论认为,学习过程就是一个信息加工的过程,即学习者对来自环境刺激的信息进行内在的认知加工的过程,当环境刺激与记忆内容以某种方式影响学习者的操作水平时,学习便发生了。学习是学习者神经系统中发生的各种过程的复合,是对信息的接收和使用的过程,是主体与环境相互作用的结果。

根据信息加工学习理论,人的所有知识的学习,都是从感觉开始,并经过知觉、记忆上升到思维层次,最终实现掌握。而远程教育学习者自主学习过程就是一个知觉的过程。在这个过程当中,大脑对感觉到的信息进行组织和解释,从而获得感觉信息的意义。它被视为一系列连续的信息加工过程,并且依赖于学习者过去已有的知识和经验,也可以视为新旧知识整合的过程。

在网络教育中,通过媒体课件、计算机网络等多种教育手段的运用,将要传授的知识内容和经过精心选择、设计和技术处理的客观事物的特征展现在学生面前,进行形象化教学。这种思想正是我们进行网络教育学习资源的建设时需要强调和考虑的。

4. 情境认知理论

情境认知理论,也叫作共享认知理论。该理论认为知识必须在真实情境中呈现,只有发生在有意义的背景中的学习,才是有效的。学习活动是学习与所学知识整体的一部分,背景有利于意义的构建并能促进知识、技能和经验的连接。情境认知理论注意学习社会性的交互作用和协作,提出了"实践的共同体"(communities of practice)的概念。实践共同体中的学习者,起初只是一个"新手",处于共同体的边缘,在向共同体中心移动的过程中,他们会更多地接触共同体中的文化,并开始扮演专家或熟手的角色。这一概念的提出表明,学习不仅是情境性的,知识需要通过活动产生,而且学习还是共享某一情境的社会单元的构建过程,知识是合作的产物,人们只有通过不断的学习才能增强参与特定情境共同活动的能力。

根据情境认知理论可以看出在设计学习资源时,应考虑在学习资源中涉及大量的帮助和激励学习者进行观察、参与、探索、发现和发明等活动的方法;构建逐渐复杂的不断变化的问题解决情境的序列,有助于指导学生不断构建专家的实际操作中所必需的多项技能并发现技能应用的条件;以使学生在"实际的共同体"中协作解决问题,通过社会交互作用和知识的社会建构不断进步,逐渐转变为"熟手"或"专家"。

二、当前校园英语网络教学资源建设存在的问题

(一)资源建设人员缺乏教学意识

长期以来,大多数学校的校园网建设、更新工作是由机房管理人员、计算机人员、课件制作人员、网络维护人员来完成的,由于他们长期从事技术方面的工作,对英语教学工作了解有限,通常只是为了建库而建库,从而导致了资源的可利用性不足。

(二)重视静态资源的建设而忽视收集动态的学习资源

静态资源是指供教师查阅、参考和学生浏览的(如专家论文,专家报告,教师的教案,动画、课件等现成素材),是缺乏互动性的资源;动态资源则是由教师的教学活动、学生的学习活动和他们参与讨论所形成的资源,以及参与这些学习活动的教师和学生构成的教学资源,它反映的是参与教学活动的教师和学生的思想。例如,英语教师通过网络进行教学的过程中,组织学生就某一个学习内容进行讨论型学习,由于每个学生对问题的认识和见解不同,他们在相互讨论的过程中,不同思想的碰撞可能会产生智慧的火花,而这些火花很可能一闪而过。因此,如果对学生搜集的资料和讨论的过程进行记录和整理,并将其纳入教学资源库,这将是一份宝贵的财富。而且随着时间的推移,资源的内容会不断创新。教学虚拟社区就是在这一思想的指导下产生的。动态资源的积累是教学资源库建设持续发展的一种策略,它一方面促成了资源建设的不断更新、发展和完善,同时可为后来的学习者提供学习的参照和指导。而目前校园网教学资源库的建设在这个方面做得很不足。

(三)资源库内容缺乏统一规划、系统设计和明确分类

教学资源库的建设是一项涉及教学理论、教学观念、教学内容、教学策略、技术规范等方面的系统工程。而目前在资源库的建设中,建设人员多将眼光放在"收集更多资源"上,很少从英语教学实际需求出发,未对资源库的各个子模块进行系统的设计,没有建设反映课程改革的最新成果的教学资源。这与教学实际需求还有一定差距,形成"鸡肋资源",而且很多资源库也没有考虑到资源的分类是否有利于在教学和学习中使用,只是按照自己的想法或建设的方便性去考虑,因此所建设的英语资源库多具有欣赏性而少有实用性。

三、英语网络教育资源建设的原则

（一）科学性原则

科学性原则要求各种学习资源设计必须遵循教育规律，设计的内容准确，结构合理，前后统一。也就是说，学习资源的内容必须是符合高中英语教学大纲的要求，设计者不能随意修改、删漏；同时，学习资源的内容结构要合理，不能盲目拼凑，秩序混乱；另外，各种学习资源的内容描述要统一，不能前后相悖，否则会给学生的学习造成混淆或困惑。

（二）教学性原则

学习资源不是知识点的简单罗列，该学习资源的应用不能偏离实际的教学环节。学习资源在提供知识、信息的同时，更应为教学提供触发的契机，为学生的学习提供可以攀缘的手架，引发学生的学习兴趣，调动学生的学习主动性与能动性，不应让他们感到太难或太简单，更不能让他们觉得太枯燥从而丧失学习的兴趣。

（三）可接受性原则

学习者的个体差异决定了不同的人偏好不同的媒体资源，但大多数人对同一种资源的认知都会在比较接近的程度内浮动。在设计学习资源时，必须充分考虑大多数人对某种资源的需求，如CAI课件交互性强，适用于学生自学，在设计辅导类学习资源时，可以选取CAI课件的形式。例如，英语教学中的听说教学，利用录音媒体强化听说的训练是很有效的，一直深受学生的喜欢。

（四）使用方便的原则

选用网络课程资源的一般教师和学生并不要求成为网络技术行家，他们只要求易于操作，利用网络教学软件查找所需内容，因此要选择最佳的课程学习导航技术来设计导航路线，并且在登录各种功能模块时采用相同的用户名和密码，为使用者提供方便。

（五）互补性原则

互补性原则是指学习资源的设计者在设计资源时，要充分考虑各种资源的特征，做到资源优势互补，与课堂教学互补。各种资源不能一味地追求大而全，尽量不要出现各种资源竞风流的局面，避免造成资源浪费。由于平时训练时间较少，听力材料涉及的内容广泛，题材难度较大，学生缺乏相关的背景知识，高中英语听力对部分学生来说显得比较困难，学生容易失去兴趣，因此要听力材料的建设也分为高、中、低几种档次，适合高中生中不同档次的学生的需要。

（六）交互性原则

以学生为中心开展教学活动是开放教育的一大特征。学生在进行自主学习时，不能机械、被动地使用教育机构提供的各种资源，而应灵活应用、以促进知识的迁移。有效利用显性交互资源与技术，充分挖掘隐性交互资源与技术，是建设学习资源的主旨。交流是所有学生的共同愿望，因此在资源设计时，还应当尽可能地挖掘各种资源的交互潜能，以创设情境，调动情感，让学生掌握学习的进程，及时了解学习的效果。例如，对利用网络学习的学生，开设 BBS 讨论区是很有必要的。

（七）时效性原则

随着科技的快速发展，知识的更新速度非常快，随时会有"老教材解不了新问题"的情况发生。面对这种情况，在进行资源设计时，要注意将更新速度快的知识点发布在容易修改的资源中，以便随时补充、及时更新。

（八）经济性原则

网络教育的优势是让学生以尽可能低的费用获得优质高效的教学服务，这就决定了系统的建设必须遵循经济性原则。也就是说系统建设成本要低、功能要强、性能价格比要高。

四、英语网络教育资源建设策略和方法

（一）依据课程标准建设

资源建设应紧密结合教学改革的最新精神，以课程改革理念为引导，重点建设开发一批围绕新课程标准的教学资源，如新教材的配套网络学习课程、利于学生发展的研究性学习资源、主题网站资源等，尽快满足课改的要求。

（二）遵循国家技术规范和标准

要按照教育部《现代远程教育技术规范》《教育资源建设技术规范》《基础教育教学资源元数据规范》等国家相关技术和教育规范标准建设资源，使其具有强大的开放性、兼容性、可持续性，真正实现国内外优质资源共享。

（三）自建与购买并重

一是积极引进，购进成熟的课程资源、电子图书馆、影视资源、互动学习资源等优秀教育资源，并进行加工改造，实现资源共享；二是自主开发，建立行之有效的管理机制，建立一支高素质的资源建设队伍，有针对性地征集、开发出适合教与学的网络资源。

（四）全员参与，共建共享

每一所学校都是教学资源的建设者和使用者。各区县要组织所属学校做好资源建设基础性工作，在保证思想性、科学性、教育性、适用性和安全性的基础上，将现有教学资源按学习主题（模块）进行挖掘提炼和重新组合，实现经验、智慧的共享。

加强区域性资源开放与共享。各单位要树立全局观念，打破学校共享壁垒和区县共享壁垒，实现全市优质资源共享。加强教师间资源的开放与共享，在尊重教师劳动成果和版权的前提下，鼓励教师共享自己的案例、课件和教研成果。

（五）骨干带头，活动推动

市教育局将制定相关政策措施，加强资源建设骨干队伍建设，提高教师的资源应用和研究能力，为中小学资源建设与应用储备师资力量。

各单位要依托市、区县信息中心，通过各种竞赛评选活动征集有自主知识版权的优质资源，如新课程优质录像课、教学设计、论文、学生电脑作品、主题教学案例等优秀成果，推广介绍，实现共享。

（六）科研拉动，任务驱动

各单位要积极开展新课程资源建设与应用课题研究，借助科研力量、专家智慧、先进经验，结合教育前沿理论发展，指导学校开展本课题行动研究，带动资源建设走向，提高资源应用效益。

采取科研立项的方式，依托项目学校、责任教师的力量，既分工又合作；进行模块化、系列化建设工作，以任务为导向，将终结性评价变为过程性评价，跟踪管理资源的开发过程，最后进行评估、试用、推广。

第五章 大数据时代高校英语教学转型新模式

第一节 大数据时代高校英语听力教学

大数据时代对传统的大学英语课堂带来新的冲击,对英语人才培养规格提出新要求,同时也为大学英语听力新模式的构建提供了新的发展机遇。因此,大学英语听力教学改革必须抓住这一机遇,紧随时代发展提出的新要求,探讨大数据时代大学英语听力模式构建的新思路,顺应时代发展的需要,重构大学英语听力课堂教学模式,培养出符合大数据时代要求的复合型应用型英语人才。

21 世纪互联网技术的发展和普及以及新媒体的出现使人类社会从信息时代跨入一个全新的大数据时代。在大数据时代,信息技术与教育的深度融合将给外语教学带来系统性变革,对教师角色、学生角色、学习材料、学习环境以及教学评估和测试等方面产生深远影响。大数据时代加速社会的变化和发展,也不可避免地影响着中国的外语教学,传统的外语教学,强调学生具备使用外语和他人进行沟通的技能。但是,在大数据时代背景下,需要新型人才运用数据进行分析,去预知某个领域的发展趋势,或是某个群体的行为倾向。本节以大数据时代为背景,从重新筛选听力语料,到更新传统教学模式,到建立新型师生关系以及健全新型考评体系,从而提出重构大学英语听力教学模式的设想。

一、重新筛选听力语料

片面地强调学生对词汇的敏感度、对语速的适应性以及对某一小段语料的理解,已经被视为效率低下的教学方法。当然,这些仍然是听力教学的基础。现在倡导的,是在这个基础框架内填充新的内容,并且努力延伸出新的意义。所谓填充新的内容,就是重新筛选语料。比如在初级阶段,在进行任务型教学的过程中,要求学生能够听懂一些特定场景下的会话信息。然后模仿听到的内容,使用外语问路、购物,或者点餐。但是,结合社会发展的实际情况,人们即便是身处异国他乡,也可以凭借一部智能手机,打开各种应用程序,完成上述各项任务。由此可见,我们分配给学生的任务可能是过期的,所以从真实的社会生活出发，筛选语料，革新信息的输入内容，是新时期外语教学迫在眉睫的工作。首先，优质的语料资源，可以帮助学生了解目的语国家中人们真实的生活状态；其次，所谓延伸出新的意义，要求师生双方跳出语言学习的限制，从多个角度寻找解决问题的途径。仍然沿用刚才的例子，我们要求学生去问路、购物、点餐。除了使用外语，还可以动用各种工具，尤其鼓励学生去了解在目的语国家中，人们如何进行这些活动。教师可以适当提供一些线索，帮助学生打开视听，利用网络上各类共享资源进行探究性学习。

二、更新传统教学模式

第一，从 5w2h 到整体化思维方式。传统的训练方式强调学生听懂语料中的关键信息，通常集中在 5w2h 中，也就是人物、时间、地点、经过、原因、结果，还要特别关注数字及人名、地名。在教师的引导下，学生会把注意力完全投入这些焦点中，站在更高的角度进行思考。例如，给学习日语的学生播放一段语料，是两个日本人在巴西餐厅内点菜。其中，一个日本人对巴西菜了如指掌，另一个则全然不懂。很显然，前者有长期生活在巴西的真实体验，了解日本历史的人都知道，从 19 世纪末开始，逐渐有日本移民前往南美洲的巴西、阿根廷、秘鲁等国家拓荒，并且定居在那里。在他们的后代中，有许多人会说日语，但比起日本却更加了解自己居住的国家。头脑里储备了这些背景知识后，在处理语料时就能解读一些深层的信息。然而，如果学生过分地执拗于细节处的单词，可能就没有机会去探索和发现。那么，该如何改变这一现状呢？首先教师要转换思维方式。在备课的过程中，改变着眼点：不只是思考我能教给学生什么，还要了解学生想从我这里学到什么？深入挖掘语料的内涵。讲清楚人物、时间、地点后，再探究一下这段语料中情景设置的合理性。因为有些教材中出现的对话，并不会在人群中真实上演。倘若是合理的，就可以深究这个会话中出现的人物是什么职业，从事这种职业的人有什么语言习惯等。一旦教师形成了这样的思维习惯，就可以通过潜移默化的方式传递给学生。如果外语教师整体都具备了这一素质，那么课堂将会更加包容，师生互动也就更加多元化。从你问我答到多问多答，学生敢于表达心中的疑问，也会自发地寻找不同的解答方式。由此可见，教师除了掌握新技能，还要重组自己的教学思维。第二，开放性情感。相信许多外语学习者都深有体会，在了解某个国家的某个人之前，我们往往对他有一些概念性的认知，有时甚至是误解。比如通常会认为：英国人绅士，法国人浪漫，德国人严谨，美国人爱追求刺激。这些概念一定程度地反映出该国的国民性，但并不能代表所有国民的特征，其间忽略了国家内部在地域、阶层方面存有的差异，更忽略了个体的家庭、教育以及职业背景。所以在与外国人进行交流时，贴标签式的认知方式，很有可能带来不愉快。

三、新型师生关系

基于网络写作学习平台的大学英语写作课堂使师生间、生生间互动得以加强，有利于学生发展自主学习能力，使学生成为课堂的中心，成为知识的建构者。Hyland 曾指出，"写作能力的培养不是通过新教学手段而是通过合适的教学方法实现的，同时还要给学生布置合适的写作任务和给予必要的习作支持"。可见，作为课堂教学组织者，教师的作用举足轻重，教师还承担着学生自主学习的引导者和监督者的角色。来自教师和同伴的反馈不仅是自动评分系统的必要补充，它还使知识传递和答疑解惑的效率得以提高，而且这种真实情境下"读者与作者的意义协商"使学生通过体验的方式获得知识。学生之间通过互评和讨论等互助方式合作完成任务。这种自主学习与合作学习相结合的方式使学生在相互交流和合作中建构和完善自己的知识体系，而且对改变学生的英语学习观念也起着积极的促进作用。

四、健全新型考评体系

大数据时代使人们获取知识和传播知识的方式发生变革，传统的纸质媒介逐渐被电子媒介取代，信息的获取、分享和传播都以数字形式完成，显然采用传统直接考试形式，即一个题目、一篇作文的纸笔考试，无法对新型读写能力做出客观评价。目前，国际化的大规模语言测试纷纷采用基于网络的考试形式，也开始使用综合型写作任务进性测试，这些都值得我们借鉴，大学英语写作考试应该采用阅读与写作相结合的综合型任务。评价手段的多元化可以提高评价的科学性和有效性。教师评价仍然是评价体系中最重要的组成部分。在线自动评分系统还存在仅能对语言浅层特征做出评价的弊端，智能化程度还有待进一步提高，只能作为教师评价（teacher assessment）的重要补充。同伴互评（peer assessment）是写作评价中的必要组成部分，它有利于激发学生的主动性、积极性，培养批判性思维能力。大数据背景下的教师评价和同伴互评是依托网络平台进行的，这就打破时空的界限，教师和学生可以利用碎片化时间进行及时反馈和评价。

顺应时代发展的潮流，外语听力教学新模式的构建势在必行。重视大数据带来的积极作用和消极影响，才能使教改更高效、更深入。教学理念和模式的创新，不意味着教师工作被网络代替，也不意味着教师地位被学生取代，教师仍然是教学活动的主导，应该不断地提升自身业务，充分利用大数据和先进科技，在全新的教育时代中紧随时代发展提出的新要求，探讨大数据时代大学英语听力模式构建的新思路，顺应时代发展的需要，重构大学英语听力课堂教学模式，培养出符合大数据时代要求的复合型应用型英语人才。

第二节　大数据时代高校商务英语写作教学

随着经济全球化进程的不断推进，社会对商务英语人才的要求越来越高。但传统的商务英语教学远远不能满足社会的需求，尤其是写作教学。在商务英语教学中，听、说、读、写、译是学生要掌握的基本技能。就目前来说，如何培养综合应用型商务英语写作人才是应用型本科高校面临的一大问题。本节在论述应用型本科高校商务英语写作教学现状的基础上，提出大数据背景下的相关改革策略。

商务英语培养的是以英语为载体从事商务活动的人才，隶属于 ESP。目前，大多数应用型本科高校都设置有商务英语专业，且相较于综合性大学和职业学校来说，应用型本科高校更为注重集商务知识、语言技能、跨文化交流能力等于一身的复合型商务英语人才的培养，更为注重引导学生综合处理行业领域出现的具体问题，因此应用型本科高校商务英语专业培养的是理论与实践并重的应用型复合型专门人才。在商务英语教学中，听、说、读、写、译是学生要掌握的基本技能。经相关调查研究发现，商务英语写作和翻译在具体的工作中应用得最为频繁，并且学生进入外企工作后，商务信函、说明书、商品介绍等是其接触较多的，所以商务英语写作课程是商务英语专业所必修的一门课程。但在互联网技术和大数据技术飞速发展的今天，传统的商务英语写作教学暴露出诸多问题，难以培养社会需要的高素质应用型人才。

一、高校商务英语写作教学现状

商务英语写作是一门强专业性和强实践性的课程，是写作者商务业务知识运用能力和语言应用能力相互结合的过程。因此，商务英语写作教学应该培养的是理论和实践并重的人才，但当前的商务英语写作教学实效性还有待进一步提升。

学生英语基础水平参差不齐。进行商务英语写作学习的学生在英语基础方面有着一些差异。具体来说，有些学生凭借自身努力和教师的教学要求，灵活调整学习方法，能够运用简单明了的语言和丰富多变的句式清晰地表达自己的意图，能够很好地将教师教授的知识融会贯通，能够使文章的整体可读性强；有些学生能够依照要求写出符合语法规范的语句，但是文章的整体表现力、逻辑性和说服力不强；有些学生的英语基础较差，对单词和语法的掌握不足，难以组织一篇完整的商务英语文章。由此看来，学生个体间存在一定的差异，需要教师从学生实际出发，实现因材施教。

教师对写作教学的定位存在偏差。一些教师在实际教学过程中未能正确地认识商务英语写作的特点、写作过程的复杂性、写作内容的多样性等。他们认为学生掌握了单词、词组、写作格式、句型等，就基本完成了写作的学习，因此一部分教师还是采用传统的课堂教授模式，注重理论知识的灌输，而较少尊重学生的主体地位，较少使学生进行自主写作，完全忽视了学生实践能力的培养和锻炼。而且在实际的教学过程中，教师只是简单地讲授单词、短语或者词组的意思，而较少介绍其实际应用方案，不利于学生实际应用能力的提升。

教学内容缺乏实践性，往往忽视写作情境。首先，商务英语写作课程的教材大多数是以文体分类展开的，与实际商务活动中的诸多应用存在脱节现象，且内容较为陈旧，跟不上时代发展的步伐，难以对学生毕业后的工作产生积极的影响；其次，教师在教学时虽然涉及报价、询价等内容，但是仅限于对理论知识的讲授，而较少进行情境创设，使学生在毕业后面对实际问题难以进行有效的解决。

教学模式单一，缺乏课堂互动交流。传统的商务英语写作教学模式单一且过于程式化，教师仍然占据着课堂的主体地位，学生只是被动地接受和机械地模仿写作模板，整个课堂教学过程还是教师的独角戏，学生难以参与进来。但教学本来就是教与学的双向互动过程，教师不仅要交给学生知识和技能，还应及时地接收到学生的学习反馈以便更好地改进教学方法。如果师生缺乏有效的互动、沟通和交流，那么不仅学生的学习兴趣和积极性难以调动起来，而且课堂教学的实效性也难以提升。

二、大数据背景下高校商务英语写作教学改革策略

随着大数据时代的到来，人们在存储信息、提取信息、分析信息、共享信息等方面有着极大的飞跃，对人们生产生活的各个领域都产生了极大的影响，并促使人类社会不断向前发展。教育领域也不例外。大数据的出现为应用型本科高校的商务英语写作教学带来了全新的机遇，使其教学模态呈现出多样化的特点，教学模式也逐渐趋于人性化，师生关系也极具交互性，教学结果反馈的指向性越来越明确，并促使其朝着培养综合应用型人才的目标不断前进。

整合教学资源，更新教学内容。大数据的出现使得商务英语写作的教学内容突破课堂的限制，直接延伸至课外，甚至网络。首先，加大校内在线平台建设。教师可充分地利用网络为学生搜集尽可能多的教学资源，引导学生充分利用搜索引擎、英语学习网站、在线词典、语料库等搜集足够多的背景知识，并完成写作任务，使学生真正参与到教学中来，提升学生商务英语的应用能力。其次，教师可将行业发展的最新动态引入课堂教学中，引导学生结合行业实际进行有针对性的写作训练，增加教学内容的前沿性和应用性，使学生不至于与行业实际脱轨。

引入慕课教学模式。教师可通过慕课将商务写作知识与商务实践活动相结合。教师可

经过慕课平台搜集各种与商务英语写作相关的资料并将其设计成业务实践活动，以突出专业性和实用性。在学生进行实际写作之前，教师可采用翻转课堂模式，将有关写作的理论知识和语言知识等以视频的形式传给学生，便于学生在课前观看，使学生对要学习的内容有一个大致的了解，同时学生还可将不懂的问题进行汇总以便在课上统一提出，方便教师进行有针对性的教学。之后，利用慕课平台模拟真实的商务场景，使学生真正参与到写作教学中来。除此之外，学生还可以通过慕课平台进行不同阶段水平的测试，便于学生了解自身在某一阶段的学习情况，同时也便于教师依据学生的测试结果进行后期教学的调整。

采用分层教学法，开展协作学习。首先，针对学生基础水平的差异，教师可采用分层教学方法，针对不同层次的学生因材施教，避免出现传统教学模式下千篇一律的学习任务难以有效激发学生学习兴趣的尴尬局面。例如，可采用大数据技术，划分出学生英语基础等级，之后可设定不同难度水平的写作任务，并分配给相应层级的学生，为水平较高的学生锦上添花，为水平较低的学生雪中送炭，极大地激发学生学习的积极性和主动性。其次，开展主题教学或者案例教学，将学生分为若干小组进行小组合作学习，使学生在团结协作中完成既定任务，一方面锻炼了学生的实际应用能力，另一方面培养了学生的团结协作意识和沟通交流能力。

一个人的写作能力与其语言应用能力和语言理解能力有着直接的关系。商务英语专业学生的写作能力主要包括文字组织能力、语境揣摩能力、语法规范能力、深入思考能力等，其对学生理论水平和实践水平的要求也较高。随着大数据的不断推进，商务英语写作教学也应当抓住机遇，迎接挑战，积极更新教学内容，引进先进的教学模式，将慕课与翻转课堂等结合起来进行分层教学，并注重培养学生的团结协作能力，使学生真正参与到教学中来，切实提升应用技能。

第三节　大数据时代下的英语翻译教学

发展日新月异的大数据时代，已经渗透到了教学中的方方面面。而翻译作为语言学习中的高级阶段，更是要与大时代形成契合。本节从翻译教学角度入手，在多方面提出相应的应对策略，但也提出翻译教学中教师和学生所面临的挑战。

随着信息技术的发展和云计算的广泛应用，"大数据"的概念和技术已经逐渐渗透到教育教学的相关领域。翻译是我国对外沟通交流的有效途径之一，社会对翻译专门人才的培养有着很高的要求，地方高校作为应用型人才培养的基础阵地，应积极顺应时代发展要求，高效利用大数据资源，逐步完善翻译人才培养体系，为地方以及国家输送优质翻译人才。

在大数据时代，信息技术快速革新和发展，地方高校的英语翻译教学应从教材选用、课堂教学、考试评价等人才培养各环节与大数据相结合，培养具有时代性和创新性的应用型翻译人才。

一、大数据时代下翻译教学主要环节的应对策略

（一）教材选用

教材是最基本的教学资源，是人才培养的关键环节之一，教材质量的优劣直接影响着人才培养的质量。我国翻译教材的研发共经历了四个发展阶段，翻译教材从"摘编"到"统编"，从"多元化"到"体系化"，无不渗透着当时社会的思想倾向，被深深刻上时代的烙印。

如今，在大数据时代的洪流中，可以说翻译教材已经进入第五个阶段——"网络化"阶段。翻译教材的内容需要引经据典，还需要与时俱进，也在很大程度上决定着翻译人才培养的方向和目标。现当代翻译家翻译的很多作品都一直被奉为经典，而在互联网中很容易找到的一年一度的政府工作报告等时事翻译文本也必须引入教学资源库。因此，翻译专业的教材选用应遵循"经典和时政相结合、有形和无形互促进"的基本原则，建立全方位、立体化、动态化的教材选用机制，充分利用大数据优势，以满足翻译教学的时代要求。

传统的课堂教学被认为是人才培养最重要的环节，大多以教师讲授为主，而我国经济社会的迅猛发展对高等人才实践能力的要求越来越高，传统课堂产物早已不能满足社会对人才知识规格、能力规格、素质规格的多元需求，传统教学方式正逐渐被微课、慕课、翻转课堂等新兴事务所取代，而这些新兴事物正是利用了不断发展的计算机技术以及大数据时代的网络资源优势。

（二）教学过程

考试与评价是课程教学的最终环节，但现在仍沿用旧习，使大数据时代下的翻译教学显得虎头蛇尾。考试与评价环节能否在大数据和网络技术带来的巨大益处中分一杯羹，也是值得深入研究的。

地方高校一般处于二、三线城市，教学资源严重匮乏、教学理论更新缓慢、学生基础比较薄弱、优秀师资相对短缺，因此地方高校翻译专业教师更加有必要利用大数据的优势，引入优质教学资源，改进传统教学方式，不断地完善教学过程，从而提高翻译人才培养质量。翻译相关课程的教学可采用"教师主导、学生主体、三项结合"的方式。"教师主导、学生主体"充分体现了当代社会以人为本的理念。教师作为教学活动的主要参与者，在翻译教学过程中应发挥引导、监督的作用，努力摒弃"教师一言堂"，激发"学生好声音"；学生作为教学活动的主体，应积极发挥主观能动性，改变传统课堂中被动接受的状态，切

实接过学习新知的接力棒,创造在教师主导下学生自觉、自律、自学、自省的新局面。大数据背景下,"教师主导、学生主体"的教学方式从以下三项结合得以体现,即"线上与线下相结合、理论讲授与技能训练相结合、计算机批阅与教师审校相结合"。

1. 线上与线下相结合

教师于课前根据课程教学进度与内容的要求,通过 blackboard 课程教学平台、课程微信公众号、班级微信群、班级 QQ 群等线上方式给学生布置相关任务,其中包括名家译作展示、翻译理论介绍、翻译技巧与方法刍议、学生译作及翻译过程自评等,学生接到任务后充分利用网络资源优势,认真查找资料,去芜存菁,以小组合作的方式将展示内容制作成 PPT,从而对新知识有初步认识与了解,并将完成任务过程中遇到的疑问与困惑记录下来。

学生将任务成果和疑问带进线下实体课堂,教师根据学生的课前 PPT 报告对其任务完成情况进行点评,然后进入正式的课堂教学,教师利用多媒体技术,采取讲授法、讨论法、合作法等多种教学方法进行新知识的传授,最后解决学生在完成任务以及课堂学习过程中遇到的问题。

2. 理论讲授与技能训练相结合

翻译学习主要包括翻译史、翻译理论和翻译实践三个方面。翻译史和翻译理论的教学可以放在由教师主导的课堂上进行讲授,而翻译实践需要师生大量的时间投入,课堂教学远远满足不了实践的时间要求。以大庆师院外国语学院为例,学院成立了职业技能训练中心并开展第二课堂活动,训练中心下设立两个翻译训练部,每学年开展活动18周、每周开展两次。每轮技能训练之前由教师制定本学年的训练计划,选择翻译语篇。每周两次的活动一次由教师主导、学员练习,另一次完全交给训练部的学员开展与本周主题相关的翻译活动。学员需通过互联网搜索大量资料,然后通过筛选并制作课件,准备的过程就是学习的过程,进一步提高学生的学习积极性,把控学生在课后的学习活动。

学院所有学生对翻译第二课堂认可度高、参与率高。目前,职业技能训练中心学分已纳入翻译专业人才培养方案,成为学生的必修学分,确保每名学生在毕业之前均能参加两期共36周的翻译训练,以达到一定的实践量。除职业技能训练中心以外,翻译工作坊、翻译实习实训室等都是地方高校利用大数据优势提高翻译人才培养质量的有效途径。

3. 计算机批阅与教师审校相结合

地方高校学生的英语语言基础薄弱,教师批改的作用不容小觑。学生需要大量练习与教师批改进度慢之间的突出矛盾可由大数据帮助解决。例如,专业作文批改网站"批改网",教师通过个人账号布置翻译任务,学生搜索任务号查看并完成任务,提交以后批改网通过精算而给出分数以及修改意见,其中绝大多数的语法错误和措辞不当都能被一一指出,学生修改后可以再次提交并刷新分数。在计算机批阅的基础上,学生的大部分语法错误都已修改完成,教师在计算机上点开学生的作品即可进行审校,不再将注意力聚焦在学生的语法错误上，而可以更加关注学生的译文流畅度、翻译风格的吻合度等翻译专业层面，给学生的译文做出适当评注并提出相应建议。

（三）考试与评价

除此之外，地方高校在翻译教材的选用上还应注意与地方重点企业和行业的对接，可以邀请企业和行业的专家共同开发课程、编写教材，或利用校企合作的项目成果，进一步充实教学资源。以笔者所在的大庆师范学院为例，翻译专业教师为大庆油田公司翻译了涵盖石油勘探、开发、钻井、作业、压裂、焊接、管工等近20项关键业务的《海外市场开发施工作业人员系列培训教材》，共计80余万字，并以此作为翻译实践教学的辅助教材以及学生实习实训的重要资料。从地方高校应用型人才培养的角度来看，教材的选用上还应追加一项"高校和企业共开发"的原则。

地方高校翻译专业根据其生源特点，主要以培养应用型翻译人才为主。为适应大部分学生的职业输出需求，仅有卷面，或仅以卷面为主的考试形式将学生的成绩单方面限制在一次期末考试的分数之内，无法综合考查学生真正的实践能力，对其评价难免有失偏颇。因此，探索基于大数据和网络的考试与评价方式，将形成性评价和终结性评价有机结合，是地方高校可以采用的办法。例如，可以将期末考试成绩分成两部分：一部分为传统卷面考试，占课程期末成绩权重的50%~60%；另一部分为学生平时在电脑、手机等终端设备完成教师所布置任务的成绩总和，占课程期末成绩权重的40%~50%，取消成绩单中没有任何依据的"平时成绩"，而要求任课教师在试卷袋中提供相关证明和资料，列出形成性评价详单。

上述方式可以对教师教学和学生学习的全过程进行有效监控，激励教师制定科学合理的教学计划。加大形成性评价的权重，同时能管控学生的整个学习阶段，督促基础薄弱、学习能力较差的地方高校学生注重学习的全过程，可以有效避免期末考试前划重点、背重点的错误复习方式，使每一个科目的考试真正考查出学生的真实能力和知识接受程度。

二、大数据时代翻译教学面临的风险

大数据时代虽然为英语翻译教学带来了诸多益处，但同时也存在着风险。

（一）网络资源不够全面

网络教学资源的丰富性是毋庸置疑的，但对于相对老旧的珍稀译本等资源，在网络上还是难以找到，仍然只能在学校图书馆甚至国家图书馆找到其复印本、缩印本和珍藏本，这将导致学生搜集资料不够全面，观点结论支撑不足。有些网络资料如期刊文章等，学生没有IP权限下载或必须支付费用才能下载，在一定程度上影响其高质高效地完成教师布置的相关任务。

（二）网络信息不够准确

由于网络技术允许人机互动和人人互动，因此，网络中的资源大部分由他人编辑上传，难免存在错误信息，尤其是单词拼写的错误、语法的错误比比皆是，学生能力不够，无法一一准确甄别采用，从而导致任务完成效果差。网络信息不够准确的另一个方面还体现在网络翻译软件的广泛使用，学生往往过度地依赖于网络翻译，容易导致译文千篇一律、漏洞百出，影响学习效果。

（三）网络环境不够安全

因为网络具有开放性强、传播速度快的特点，如果遭受了黑客攻击，电脑等许多终端设备都易被波及而瘫痪，一旦网络瘫痪，一切基于大数据和网络技术的翻译教学都将暂时被动搁置，会扰乱教师的教学计划，若教师临时调整教学计划的准备不足，将在很大程度上影响课程教学，长期的临时调整会影响翻译人才培养的质量。

大数据时代影响着英语翻译教学的方方面面，如何充分地利用大数据时代产生的益处与便捷，并从容地应对大数据时代带来的风险与挑战，是每一位奋斗在翻译教学一线的管理者和教师应该认真思考的问题，本节由于篇幅所限而并未提及的大数据时代下的翻译教师队伍建设、翻译课程体系构建等教学关键点也值得深入挖掘与研究。

第四节　大数据时代高校英语报刊阅读教学

大数据时代的来临，为高校英语报刊阅读课程教学提供了良好的发展机遇。本节从英语报刊阅读课程的教学现状入手，通过综述与分析的方法，对大数据时代英语报刊教学思维与模式进行全新的建构，同时也指出新时期该课程教学所面临的挑战。

进入 21 世纪，在信息高速化发展、云计算、智能手机等日益普及的趋势下，以数据的海量存储、信息的快速传播、全媒体的视听化效果为外在特征的大数据时代悄然到来。2012 年，美国奥巴马政府启动了"大型数据研究和发展倡议"计划，首次把大数据定义为与互联网、超级技术同等重要的国家战略，同时在政治、商业经济以及教育等方面制定了一系列相关措施。2013 年，大数据的理念逐步引入我国外语教学与研究领域，如何利用大数据转变外语学习和教学模式逐渐成为未来课程教学改革的重点。作为英语专业的一门重要选修课程，英语报刊阅读因其教学内容的时新性和学习环境的地域局限性迫切需要发达通畅快速的网络信息支持。而事实上，大数据时代的到来也为报刊阅读课程提供了良好的发展机遇。大数据时代的信息"大爆炸"为报刊阅读教学提供了最新、最广的新闻资源以及海量鲜活、真实、生动的语言素材，幕课、小微课也为课堂教学带来了一种全新的体验。然而，如何迎接大数据时代带给报刊阅读课程的变化，实现信息资源与教学内容、模式以及教学评估的对接，这也给广大教师提出了新的挑战。

一、英语报刊阅读课程的教学现状及存在的问题

自从20世纪80年代国内高校首开英语报刊选读课程以来，英语报刊因其丰富生动的教学资源，受到越来越多高校的重视和学生的喜爱。报刊阅读的意义以及报刊阅读课程的重要性已日益获得认可，其地位在不断上升。然而，虽然报刊阅读课已经获得广大英语教育专家和教师的认可和推崇，但是不可否认的是，报刊阅读课在教学实践过程中依然存在许多问题，教学效果与理想的教学目标之间还有一定的差距。概括而言，问题主要反映在以下几个方面：

（一）课程教学内容与理念

英语报刊阅读是英语泛读课程的延伸和深入，这已被国内高校英语报刊教学界所认同。但是，英语报刊教学在课程意义、教材、教学要求、教学模式和教学评估等方面是不是等同于英语泛读教学，或者说报刊教学和英语泛读教学在以上方面有何不同，在这一点上，高校教学界还缺乏统一明确的认识。这些认识上的差异和模糊导致当前很多高校对报刊阅读课程教学目标和重心的理解产生偏移，把报刊阅读课看成单纯的语言教学课。许多研究者的调查研究表明，相当一部分报刊课堂还是延续着精读课程的教学思路，专注于报刊素材语言知识点的讲解，而忽视报刊教育在培养学习者获取信息能力、批判性思维能力、综合人文素养等方面具有其他教科书所无法比拟的价值。

（二）教学模式

随着各高校对报刊教学的不断重视，英语报刊阅读课堂教学模式呈现出多样化、立体化的发展态势，网络多媒体辅助教学手段也被逐步地引入教学实践中。当前比较通行的教学模式有以下几种：一是传统教学模式，即教师课前对报刊文章内容和教学形式进行设计，课堂上采用讲解、释疑的方式进行授课。如果学生语言基础不太扎实，教师在报刊课堂教学中就格外注重语言专业知识的讲授和语言技能的重复训练。而学生大部分时间都是听众，被动地聆听、完成学习。这种模式导致的一个结果是，不少个性化的大学生逐渐丧失报刊阅读兴趣，尤其在时下大学生人手一部手机、校园网络全面覆盖的背景下，他们宁愿在课堂上利用微博、微信等应用程序浏览各种英语报刊电子网站。但是由于缺乏教师系统专业的引导，他们的报刊阅读能力难以得到提升，阅读兴趣也难以维持长久。二是多媒体课堂教学模式。随着计算机、网络技术的普及，不少高校的报刊阅读课堂从教室到课本设置，再到教师的教学文件都极尽可能地将多媒体融入进去，课堂上为每个教学环节设计

的PPT更是成了报刊阅读课堂必备的教学要件。但是，多媒体的教学是否提高了英语报刊阅读的教学成效呢？笔者调查了同省不少高校报刊阅读课堂教学的实际情况，也查阅了不少期刊论文中对报刊多媒体课堂的分析，结合自身的教学经验，总结出以下几点当前部分高校报刊阅读多媒体课堂的不足之处：一是相当多的教师对多媒体课堂的理解还只是限于PPT的运用，认为在授课时向学生展示已经制作好的PPT就是运用先进的多媒体教学，可是其教学内容和方式仍然保留传统的模式；二是不少教师和学生的计算机操作水平能力有限，对网络多媒体化的报刊课堂教学模式虽然认同，但在实施过程中由于技术问题以及教学成本问题，难以在具体的教学实践中展开。

此外，相较于目前研究相对较多的报刊教学课内教学模式，有关报刊阅读课外教学内容和模式的探索和实践则相对较少。事实上，英语报刊阅读能力的提高仅仅依靠一周两节的课堂教学是远远不够的，如何延拓教学空间，突破课内教学模式的局限，做到课内与课外有机结合，形成集多种教学模式和教学手段为一体的完整教学体系，这也是今后教学改革需要关注的地方。

（三）英语报刊教材问题

20多年来，我国高校英语报刊教学已经有了很大发展，使用的教材有近百种，教材内容也是各有特色，许多知名专家教授为这门课程的教材编写倾注了大量心血，也极大地推动了该课程的发展。但是，相较于新闻的时效性要求，报刊阅读教材先天的滞后性特点决定这门课需要课外教材的不断补充。近年来，随着互联网和各种移动终端数据的普及，不少教师尝试着将传统的阅读教材与网络资源相结合，把网络电子报刊资源引入课堂。但是网络英语媒体资源鱼龙混杂，作为课堂阅读教材，面对不同层次的院校，不同需求的学生，教师应该如何恰当合理地进行课外选材，需要把握好哪些原则，这些都是对新形势下的报刊教学提出的新要求。

（四）学生群体的变化

受家庭环境、教育背景和社交关系等原数据的影响，当前"95后"学生的学习观念和学习模式与以前学习者相比已经发生了巨大的变化。面对信息数据时代的到来，存在两类不同反应的学生群体：一类学生习惯于信息"内爆"的碎片化体验，青睐于用更快的方式汲取更多的内容。随着网络时代信息传播载体的更加便捷，更多的学生带着手机走进"移动"课堂学习。他们不满足于传统的"听众"身份，也厌倦于传统的教学模式，借助于无所不在的校园无线网络，利用微博、微信平台查阅各种英语阅读学习信息，独自阅读网上期刊，拒绝教师讲解下的报刊教材阅读。另一类学生群体（尤其是刚刚入校的大学生）则对新时代所带来的学习革命反应迟钝，对于大数据信息时代背后隐藏价值的认知和利用毫无概念，他们在英语报刊阅读学习方式和思维上更依赖于教师和教材。这两类学生群体，从专业学生的可持续发展和自主学习能力养成来说，如果不加以正确引导，很显然无法达到报刊阅读教学所要求的学习目标。对于教师而言，必须根据大数据背景下不同学生的学习特点和学习需求，通过一种切实可行的报刊阅读教学模式，以帮助学生找到最为适合的阅读和语言实践中介。

二、大数据时代英语报刊教学的新思维

（一）碎片化教学与模块化教学

信息化社会的到来正在打破和改变传统教育，教育与学习方式的许多理念也不断在发生改变。按照工业时代劳动密集生产方式设计出来的有边界限制的班级授课制已无法满足大数据时代对教育的需求，尤其是人们已经习惯于基于网络的日常活动和学习，如网上购物、网上阅读、网上写作等。在这种背景下，许多新型的教学方式被开发出来，如大规模开放课程、微课以及各种资源共享课等等。基于网络资源的微课，短小精悍（一般5～15分钟），设计精细，视频资源呈碎片化，但主题集中，逻辑严密，围绕某个知识点或者教学环节完整展开。这些新型教学方式打破了传统的固定课时的模块化教学，是新时代下教育变革发展的必然趋势。对于报刊阅读课程教学而言，它带来了难得的改革发展机遇——教师可以更为灵活地选择教学内容；学习者也可以更加自由地安排自己的学习和复习计划，而且学习场所也不局限于教室。大数据网络时代，大学生几乎人手一部手机，在几乎人人进行上网浏览阅读的背景下，报刊阅读的课堂教学模式也应该做出结构性调整；基础性阅读任务由学生课前完成，深度性任务如培养学习者获取信息能力、批判性思维能力以及提高学生综合人文素养等环节由老师课堂指导，通过课内课外合作实现高效的混合式学习。此外，还可以利用网络媒介，视频记录教师在课堂内外教学过程中围绕某个知识点而开展的教与学活动的全过程，将其提供给学生，使他们能够根据自身的需要随时随地在线学习。总之，大数据实现了学生课内、课外在线阅读的积累，教师可以通过后台数据库统计班级的整体阅读情况，获得有价值的数据报告，紧密跟踪了解学生的报刊阅读状况。

（二）海量资源与个性化学习

根据学生的实际水平，充分满足学生的普遍及个性化需求，是衡量教育是否成功的一个重要指标。大数据时代最广的新闻资源以及大量鲜活、真实、生动的语言素材有效化解了报刊阅读教材整齐划一和时效性滞后的问题，同时也为实现以学生自主学习为中心、学生主动搜集分析有关信息资料、对所学问题提出假设并设法加以验证并由教师予以引导激励的个性化学习提供了无限可能。但是海量资源的呈现并不是放手让学生自由选择文章，随意阅读。教师应该在教学大纲的要求下，根据教学计划预先设置、选择好每次课堂教学

的话题和材料，然后提供一定量的预习作业和思考题一并发送给学生。学生利用网络大数据信息，查找有关背景知识，阅读相关内容的报道，概括该新闻报道中的常用术语，同时借助网络电子工具完成学习资料的初步阅读。之后，教师对学生的作业进行分析和发掘，形成有效数据，并对这些数据进行归类与分析，了解每一个学生的需求，从而在接下来的课堂教学中进行有针对性的个性化教育，避免学生面对充满晦涩语言和政治偏见的报刊阅读材料时出现手足无措、难以理解的情况。

（三）阅读与欣赏对接

语言不仅承载信息传递的功能，同时也是一种文化情感符号。阅读是人类获取知识和信息、丰富思想感情、增长见识最原始、最普遍的方式。传统的英语报刊阅读教学比较注重英语语言知识的学习和文本的理解，对学习者从英语报刊文章中所受的情感熏陶、所获得的思想启迪和理解比较忽视。大数据时代基于云计算的现代教学手段，使得学习者零距离接触大量英美原语期刊文章成为现实，英美报刊记者和各色专栏作家视野下的英美社会文化形态和各种价值观也被完整呈现给读者。在此背景下，报刊阅读课程教学应转变思维，一方面从单纯的文章讲解逐渐转向对文章内涵的深入探讨，通过有组织的小组活动，采用口头陈述或书面写作的方式，将探讨的内容由语言知识意义延伸至社会现实及学生的自我体验，使得学生在课堂上保持一种高强度、兴奋的思维状态；另一方面，教师也应当尊重学生的阅读兴趣，引导学生读解、领悟文本思想，引导学生构建一种不同文明形态对话与宽容的阅读心态，提升跨文化交际能力和批判性思维辨析能力。

（四）多元反馈与绿色测评

评估与反馈是课程教学中的一个重要环节。在传统教学理念的影响下，报刊阅读课程考试以闭卷笔试为主，内容比较局限于知识性、识记性的考核，学习者的课堂注意力和学习兴趣也被压制在琐碎的词汇记忆上，其思维辨析能力、信息素养能力以及多元文化交际能力难以得到考察。此外，由于课程终结性考核的滞后性，学习者的学习状态及问题也无法及时得到反馈。大数据时代的到来，使得依靠信息技术支持的智能化课程教学服务体系得以培养和发展，建立在团队合作基础之上的课程内容解读和监测也将变得更加完善。报刊阅读中的语言知识点考核能够依据阅读智能评估体系网络平台及时推送，学生的测评反馈信息及时充分，而且所有考核能够做到动态化、自动化、智能化。当然，限于当前的网络技术条件，这个英语报刊阅读智能评估体系网络平台的建立还处于初步起始阶段，但它对报刊阅读课程考核与评估的意义是不言而喻的。对于非知识性的能力考核，其考评可以改为小组PPT展示以及小组讨论或者辩论等方式，使得教师对学生的了解更全面、更充分。在大数据课堂教学模式下，不仅是教师对学生的表达和思维进行评价，其他学生也可以参与评价，因此评价主体是多元互动的，过程是双向的。

三、大数据在英语报刊教学中应用所面临的挑战

大数据时代的来临,在线教育的无处不在,对高校英语报刊教学产生了深远的影响。报刊教学在得到巨大发展机遇的同时,也面临着不小的挑战。

首先,教师的传统角色与职能面临转变。在传统以讲授为主的课堂语境里,教师关心的只是与自己专业相关的知识、信息、数据,他们是各种学习资源的提供者,尽管这样的资源数据非常有限。随着封闭课堂向开放课堂、教师中心向学生中心的转变,大量有关学习者的资源数据喷涌而出,师生界限越来越模糊,这给报刊课程教师带来了全方位的挑战和冲击。除了更高的专业知识和信息技术能力,教师还应具有课程自主设计与实施的核心能力。陈坚林把这种核心能力具体细化为教学技术与方法的运用、教学内容解读和资源建设、教学组织掌控、教学异步管理、监测研究、教学环境营造等六个方面。很显然,大数据时代将彻底改变以往教师个体的身份与角色。具体到大学报刊阅读课堂,教师要组建智能化教学团队,整合各种资源,根据学生的个性与特质,选择报刊阅读资源,设计活动主题,划分学习小组,分配学习任务,提供各种学习策略,及时给予有效评价,为学生的学习提供服务与指导。这些既是大数据时代对报刊教学所带来的挑战,同时也是新时代提供给教师创新性的专业发展机遇。

其次,整合线上线下教学内容、达到高效教学的目的,是开放式教学迫切需要解决的问题。在大数据时代,网络在线教育、翻转课堂等理念已成为主流。英语报刊阅读作为与现代信息技术接触较为紧密的课程,从目前各高校该课程的发展趋势来看,采取网络开放式教学也将逐步成为主流教学模式。网络开放式教学以线上阅读、指导和线下教学立体结合的方式延展了教学空间和时间,使报刊阅读不再拘泥于课堂和教室,也使得学习的开放性和互动性得以完整地体现。但是,由于教学对象、形式、技术、呈现方式等与传统教学不同,网络报刊阅读内容的设计和指导需要对在线学习规律和一定的技术手段进行全新的理解和运用,此外还有线上线下内容的分配和整合问题。当前许多高校开通了国际上通用的慕课平台,向学习者提供海量的课程学习资源,但是关于英语报刊阅读课程,笔者查阅梳理后尚未发现有较为成熟普及的课程教学资源,更不必说线上线下相整合的课程学习内容。大多数教师都是各自为政、各自摸索。这显示出英语报刊阅读教学在面对大数据开放教育时的尴尬。

大数据时代的到来加速了社会的变化和发展,同时也给高校英语报刊教学带来了机遇和挑战。机遇是显而易见的,如探究报刊个性化教学,利用海量资源学习,创设多元、高效的网络生态阅读环境等等;但是在新时代提供机遇的同时,挑战也如影随形。如何利用海量烦杂的数据信息,借助智能化平台,用网络空间来置换课堂时间,同时使有限的课时变得更加高效,这是今后报刊英语教学值得探索的主题。

第五节　大数据背景下高校网络资源库的建设

"大学英语"课程进行网络自主学习，是新时代"大学英语"教学改革的发展方向，资源库的建设是进行网络自主学习的重要保障。将大数据技术应用到资源库的建设中，可以使资源配置科学化、合理化、智能化，能有效地培养学生的自主学习能力，提高"大学英语"课程的教学质量。本节基于大数据背景，对高校网络资源库的建设进行分析与研究。

目前，"大学英语"课程教学改革是每个高校研究的热点，网络自主学习是新时代"大学英语"课程教学的重要组成部分。利用大数据技术对资源库进行开发和利用，将优质信息资源进行科学的整合发布。学生通过访问共享资源和师生互动来提高语言能力，可以有效提高"大学英语"课程的教学质量，增强学生的自主学习能力。

一、"大学英语"课程网络资源库建设现状分析

（一）学习资源丰富且杂乱，缺少逻辑相关性

目前，很多高校都建设有"大学英语"课程网络自主学习平台，虽然都拥有海量的外语学习资源，但是很大一部分都是为了增加信息数据存储容量。只要是与"大学英语"课程有关联的各类音视频资源，都盲目地收入其中，各类资源的主题内容杂乱无章，资源间缺乏知识点的逻辑相关性，只一味地追求资源库的存储容量，忽视资源内容间的耦合度。

（二）教学资源内容陈旧过时

教学资源库里的学习内容是激发学生学习兴趣的关键指标之一，目前"大学英语"课程网络资源库的内容大多都经过十几年跨度的慢慢积累，部分内容相对陈旧过时，已经不能适应新时代经济社会的发展和"大学英语"课程教学的需求。很多资源的内容与现实世界相差很远，已经不适应现代年轻大学生的学习需求习惯，在一定程度上严重影响了"大学英语"课程的教学效果，与此同时，抑制了学生对"大学英语"课程网络自主学习的主观能动性，使学生主动、自主学习的积极性极大降低。

（三）教学资源没有统一的评价标准

"大学英语"课程网络资源库里的多媒体资源基本包括文本资源、音频资源、视频资源、教学案例资源等。在制作课程资源时，受软硬件环境的影响，容易出现五花八门的音

视频格式。标准不统一的音视频资源在播放效果上区别很大，有的视频图像清晰度很差，而且显示画面大小不一，有的音频文件声音大小不一，有的资源格式对客户端操作系统的浏览器要求比较严格，造成学习资源应用中的通用性不强。

二、"大学英语"课程网络自主学习资源库建设的意义

有利于"大学英语"课程数字资源共享。"大学英语"课程网络自主学习最重要的核心是学习资源库的建设，资源库是各类"大学英语"课程教学资源的汇集地。任课教师可以利用资源库平台，将自己制作的教学音视频资源上传到资源库。与此同时，资源库还可以收集与大学英语四六级考试相关的辅导练习资源、考研英语相关的音视频资源，还有各类英语考试、考级的模拟题库资源。通过所有任课教师长期共同对资源库的更新建设，把集体的教学智慧汇集到资源库，就会形成一套符合本校实际情况的"大学英语"课程网络学习资源库，网络学习平台通过资源共享的方式，将学习内容发布给每个学生进行学习，以达到因材施教的效果。

有利于促进"大学英语"课程教学的改革与发展。"大学英语"作为高校的必修公共课程，学生人数多，英语基础参差不齐，教师教学工作量大，会给教学带来很多问题。建设"大学英语"课程网络资源库，是实现新时代信息化教学的重要途径。学生可以充分地利用网络学习资源来自我查漏补缺，根据自己对"大学英语"课程各知识点掌握的程度，有针对性地选择适合自己知识结构的资源进行学习。将"大学英语"课程的传统教学进行线上、线下的自由翻转，学生利用网络学习平台在任意时间、任意地点进行自由学习。任课老师可以根据学生的学习情况，线上进行面对面答疑，线下进行有针对性的目标教学，极大地提高了"大学英语"课程的教学质量和教学效率，也对课程教学改革起到了积极的促进作用。

有利于开拓学生的视野，增加学生学习兴趣。"大学英语"课程网络资源库以教材资源为基础，进行立体化多维度建设。学生在进行教材配套数字资源学习的基础上，可以进行拓展学习。网络资源库还建设有涉及政治、经济、文化等人文社会科学和自然科学方面的资源。学生可以根据自己所学的专业背景，在资源库里面挑选适合的学习资料，通过"大学英语"课程的学习，涉猎自己的专业知识，不仅拓宽了学生的专业学习视野，同时还增加了学生学习"大学英语"课程的积极性和兴趣。

有利于培养学生的自主学习能力。课堂教学现在已经不能满足学生对语言训练的需求，那么，"大学英语"课程网络自主学习平台就是建立在以教师为指导、学生为中心的教学模式，为学生营造一个自由、和谐的学习氛围与情境。教师根据教学计划进度，在网络学习平台发布学习任务，学生在规定时间内自主规划安排学习。如果学习中遇到疑难问题，可以通过在线答疑平台向老师询问，教师根据学生的学习情况和疑难知识点，有针对性地

进行教学辅导。网络资源库提供了多元化的知识点，利用新一代信息技术制作的多媒体教学资源使教学内容动态而丰富，可以发挥学生的创造性，促进学生进行个性化学习，培养其自主学习能力。

三、大数据技术在"大学英语"课程网络资源库建设中的应用

（一）使"大学英语"课程网络资源库建设更加合理化、科学化、智能化

针对"大学英语"课程网络资源库内容烦杂和缺乏逻辑性的问题，可以利用大数据技术对现有信息资源进行分类整合。利用大数据强大的分析功能，将资源按照"大学英语"课程进行分类汇总。比如：读写译资源库、视听说资源库、文学资源库、专业英语资源库、外文影音资源库、考试资源库等。经过科学化的分类标准，将资源库内容进行合理的分类，使学习资源更加贴近学生的学习。在进行资源信息采集时，大数据分析系统会根据内容标题自动识别分类存储。将传统以人工点对点方式进行数据的采集模式转变为系统自动识别存储，提高了资源采集的效率，使资源库建设更加简便、智能和高效。

（二）对"大学英语"课程网络资源库建设进行深度挖掘

网络资源库中音视频资源占主要比重，将相关资源进行标准统一显得格外重要。音视频资源以目前 MOOC 中的各类标准为基础，可以预先设定资源库的格式标准，将新一代信息技术引入资源库的建设中，利用大数据、人工智能和多媒体技术，对资源库进行全盘扫描。将不符合条件标准的音视频数据全部自动筛选出来，利用多媒体信息技术集中进行格式标准的转码，让所有数据标准统一，使网络资源跨系统平台无障碍运行。与此同时，利用大数据技术对资源库进行深度挖掘，将资源库中的资源根据学习热度和点击量进行数据分析，根据学习资源量化指标，有目的地进行资源的增补添加，如此以来建设的资源将会变成学生想获得的内容，使资源库发挥最大的使用效率。

（三）利用大数据分析学习路径，点对点地推送最佳学习资源

"大学英语"课程网络学习平台可以根据学生的学习路径，利用大数据技术分析学生对知识点掌握的情况，网络平台会自动筛选相关联的资源推送给学生进行巩固训练。"大学英语"课程课堂教学和网络自主学习效果是每个任课教师迫切想知道的。大数据技术可以对所有学生的网络学习状态进行实时追踪，对所有学情信息分类汇总，将学生对知识点掌握的程度进行数据化，并提供给任课教师。信息将会为"大学英语"翻转课堂的教学提供内容指导，让教学内容更加符合学生的需求，从而有效地促进改革顺利进行。

（四）创新"大学英语"课程网络自主学习综合评价体系

传统的评价模式是以学生完成网络学习任务、参加网络测试后的成绩来评定课程成绩的，存在一定的局限性。大数据技术可以对网络学习进行全方位、立体化、多维度的综合评价，根据学生的学情数据、学习热度数据、在线答疑数据、在线测试数据、课外学习数据、语言训练数据，利用大数据技术对平台学习信息按照一定的比重参数进行离散整合，得到能反映学生真实学习效果的综合评价。不仅创新了"大学英语"课程网络自主学习的评价体系，而且为课程教学提供了指引方向。

"大学英语"课程网络自主学习适应新时代课程教学改革的需求，资源库建设的强弱决定了网络自主学习的质量。将大数据技术引入网络资源库的建设，可以使资源更加人性化、科学化、智能化，让资源更加贴近学生的实际需求，激发学生网络自主学习的激情，有效提高"大学英语"课程网络自主学习效率，进一步深化课程教学改革，为学校建设应用型一流大学提供支撑条件。

第六节 大数据时代下的高校英语翻转课堂教学

大数据技术带动了高校英语课堂教学模式的转变，其中，翻转课堂教学模式正是当下比较火的一种教学模式。基于大数据背景，提出大学英语课堂引入翻转课堂教学模式的想法，并对大学英语翻转课堂的可行性进行充分的分析，提出如何提高大学英语教学视频制作质量，探究翻转课堂教学模式下的大数据运用，翻转课堂模式下学生自主学习控制与管理以及大数据视域下英语翻转课堂的教学评价等，构建高效的大学英语翻转课堂教学模式。

引发英语教学资源爆发式增长。在大学英语传统教学模式下，英语教学资源主要以教材和纸质资源为主，教学资源相对贫乏。大数据时代下数据以爆发式的态势增加，英语教学资源不仅仅数量巨大，而且教学资源种类繁多，为大学生英语学习提供了海量资源。爆发式增长的教学资源，使得英语教学摆脱了资源束缚，极大地提高了英语教学的内容含量，使高校英语教学内容得到进一步的丰富，学生英语学习视野得到进一步的拓展，引向英语教学进入资源时代。

赋予大学英语因材施教以可能。在大学传统英语教学模式下，英语教学主要以现场的课堂教学为主，英语教学设计主要面对学生全体展开设计，尽管在实际教学过程中教师能够意识到因材施教，尝试实施分层教学，但是受教学时间、教学空间和教学其他条件等制约，因材施教缺乏可操作性。在大数据时代下，教师可以利用大数据优势和网络平台优势等，打破传统课堂唯一主阵地，利用网络学习平台为学生创造多样化的学习机会，学生可以根据自己的英语能力和英语基础、兴趣爱好等，进行自主选择，从而赋予因材施教以可能。

营构适合学生自我学习的环境。自主学习能力是大学英语教学中学生必备能力之一，在传统教学模式下学生英语学习主要局限在英语课堂，离开课堂教学学生的自主学习难以获得外界的有效支持。在大数据时代下，学生英语学习环境得到了进一步的优化，不仅学习资源丰富，为学生提供大量的可供选择的自主学习资源，而且网络学习平台能够改变传统模式下学生自主学习支持缺失的现状，学生之间可以借助网络平台进行互动，学生和教师之间也可以借助网络平台进行互动，在大数据时代下，学生自主学习的环境已经相对成熟。

引发英语教学体系全面性变革。大数据对高校英语教学的影响不是某一方面的，而是系统性的。大数据视域下，高校英语教学环境、教学条件等都受到巨大的影响，它引发了英语教学体系的全面性变革。教师的教学方式将进行变革，从注重教的设计逐渐转向注重学的设计，教师将根据新的学习环境和学生学习需求，不断地优化教学方法；教学内容和教学评价也发生了重大变化，教学内容更加丰富，教学评价将突破传统"唯知识性"评价模式，基于翻转课堂教学模式构建新型评价方式。

一、大数据视域下的大学英语翻转课堂教学模式理论

掌握学习理论。布卢姆是掌握学习理论的提出者，该理论指出一切学生都具备学好的可能。掌握学习理论基于集体教学，以反馈为主要手段，倡导为学生提供个别化引导，使学生拥有一定的自主学习时间，这样能够使绝大多数的学生达到规定的掌握标准。该理论下教师主要为学生的学习提供支持性和引导性作用，主要包括向学生提供材料，提供学习所需要的工具和必要的帮助等，学习目标的制定和学习时间的掌握则由学生自主设定，大数据视域下翻转课堂无疑为学生学习的掌握创造了可能，学生在大数据提供的支持下，开展自主学习活动，教师从课堂中心中转变出来，能够促进学生对学习的掌握，使大部分学生达到掌握的要求和标准。

建构主义学习理论。建构主义理论也称为结构主义理论，该理论认为人们的认知、知识和意义的生成是人们经验和思想交互的结果，在理论主张下，它认为技能不同、背景不同的学习者，能够基于学习任务、围绕学习活动等开展合作学习，从而在某一个领域形成共同的认知，它突出学生在知识建构中的主体地位。大数据视域下的翻转课堂教师可以针对某一学习主题设计学习活动，从而形成以学生为中心的课堂教学模式，学生在自主学习体验中完成自主建构。

元认知理论。心理学家弗拉维尔提出了元认知理论，该理论指出元认知就是在个体自

我认知过程中，运用知识调节学习过程的一种能力。不仅如此，还是基于人们思维与学习活动的知识和控制。从这个意义上来分析，元认知主要包括元认知知识与元认知控制两大部分。在翻转课堂模式下，学生认知的过程就是一个不断运用知识建构新知识，不断实现知识内化的过程。

交互决定论。阿尔伯特·班杜拉则提出交互决定论，它是在汲取既有理论知识的基础上，吸取行为主义、人本主义、心理学知识的优点的基础上建立起来的。该理论认为，人们的行为、环境等多种因素不是孤立的，而是存在密切的关系的，它们互相联系、互相作用。简单来说，事物之间是互相作用的。大数据视域下翻转课堂正是基于大数据环境因素、人的因素和行为因素等，以促进环境、人和行为之间的交互性，是交互的结果。

二、大数据视域下大学英语翻转课堂教学模式建构

（一）大学英语翻转课堂可行性分析

大学英语教学中运用翻转课堂是否可行，除了理论建构外还要基于大学英语教学体系进行系统性分析，从而对翻转课堂应用于大学英语的可行性进行进一步分析，以提高翻转课堂建构的有效性、科学性。

教师因素。大学英语教师与中小学英语教师相比，他们的综合素质以及接受新事物的能力相对较高，能够针对大数据环境做出积极的应对，并能够快速地胜任翻转课堂教学模式对教师教学技能的需要。此外，大多数英语教师运用信息技术的能力比较高，接受能力较强，这就使得翻转课堂的建构获得教师因素支持，以确保教师队伍能够满足翻转课堂需求。

学生因素。从学生层面而言，大学生是经过高考选拔出来的，所以他们的综合素质相对较高，具备自主学习的能力；从学习自觉性来说，大多数的大学生具有较好的自觉性，能够自主围绕微视频开展学习，并且能够将微课学习与课堂学习有机结合起来，能够对自主学习进行信息整合，梳理出学习成果，总结学习过程中存在的不足等，从而使翻转课堂教学模式得以实现。

教学环境因素。从教学环境分析，翻转课堂与传统课堂相比，教学环境从相对闭塞转向开放，开放性越来越大；不仅如此，教学环境能够为学生自主学习提供资源和技术支持，学生可以借助互联网学习平台，获得必要的学习资源，能够基于网络平台进行即时的学习互动，获得其他学习对象、教师等学习支持。因此，在翻转课堂教学模式下，学习环境更加成熟，相对完善，可以为翻转课堂提供环境支持。

（二）大学英语教学视频制作

大数据视域下翻转课堂的建构需要相应的视频作为支持。目前，微视频的开发形式主要包括以下两种：一种是直接从网络寻找，这种方法虽然比较简单，但是缺乏针对性；另一种是自主开发，这种方式需要耗费大量的人力，但是针对性较强，是教学视频制作的常用方式。教师要制作出高品质的教学视频，需要做好以下几个基本环节：

设定学习目标。教师要根据学生的英语学习能力以及英语教学内容，对教学视频所要达到的教学目标进行设定，并检视教学视频是否有助于促进教学目标的达成，从而开发出适合翻转课堂的教学视频；对于一些简单的教学内容，教师可以选择简单的方式，如PPT，也能够达到翻转课堂的目的。

教学视频制作。教学视频制作主要包括视频制作工具选择、教学程序设定等，教学视频制作工具的选择，要根据不同的教学视频要求选择不同的制作工具，要求不高的可以选择简单的工具，要求严格的可以选择专业的视频制作工具；教学视频程序的设定要尊重学生的认知特点，并且保持与教学内容有很强的匹配度，从而确保制作出的视频能够达到翻转课堂的教学要求。

教学视频修饰。教学视频前期制作后，教师要基于学生的视角，对教学视频进行后期的修饰，主要包括视频的清晰度、视频的长短。教师要根据实际情况对教学视频进行合理的增删，从而确保教学视频的品质。

教学视频发布。教学视频的发布即将教学视频借助网络平台提供给学生，由于各个高校系统不同，发布的形式各不相同，所以可以借助外部平台，也可以借助高校内部局域网。在发布时，既要考虑教师发布的便捷性，又要充分考虑学生的实际情况，一切以便捷、高效为发布的基本原则。

（三）翻转课堂教学模式下大数据的运用

大数据视域下，翻转课堂教学模式下，均需要充分利用大数据优势合理地运用大数据，实现对平台资源的大数据整合以及学生学习层面数据的优化分类。

平台资源的大数据整合。在大数据时代下，英语教学资源异常丰富，这就带来一个新的问题，即数据资源价值密度降低的问题。这就需要我们利用大数据优势，进行平台资源的大数据整合。教师可以利用大数据优势，对学生英语学习需求进行数据化的采集与分析以及学生教学视频学习数据痕迹，进行数据化的分析和整合，了解学生英语学习个性化需求，根据学生的兴趣爱好、个性化需求等，选择适合学生的内容制作教学视频，这样能够极大地提高教学视频目标达成度，激发学生英语学习积极性，从而建构起适合学生的数据平台。

学生层面的数据优化与分类。在传统英语教学模式下，教师也根据学生英语学习需要提供在线辅导,这为翻转课堂的实施奠定了坚实基础。大数据视域下,要进一步发挥大数据优势,就要基于师生角色转变,即教师的主导身份、学生的主体身份等,利用大数据对学生的英语学习行为进行数据化分析,把握学生英语学习的一般特点、规律和习惯爱好等,及时发现翻转课堂教学模式下学生信息接收方式,从而及时地对翻转课堂教学模式进行优化,使数据得到进一步的优化,使其更符合大学生英语学习爱好,激活大学生英语学习的主观能动性。

(四)翻转课堂模式下学生自主学习控制与管理

首先,借助大数据和网络平台在线技术优势。在翻转课堂教学模式下,英语学习主要以学生自主学习为主,教学视频是主要的载体。大数据具有在线监测功能,我们可以利用大数据对学生的英语学习过程进行监控,了解学生在线学习的痕迹以及在线学习时长等,对学生翻转课堂的学习情况进行监控,对存在问题的学生及时发出提醒,并与翻转课堂教学评价等有机结合起来,从而实现对学生翻转课堂过程学习的有效控制。

其次,借助在线检测功能。为了及时地了解学生翻转课堂的在线学习效果,在制作教学视频时,教师可以根据教学视频内容,增加一些检测性的练习,让学生在自主学习基础上即时地进行练习。如果学生不进行自主学习,对英语教学视频内容不了解,学生就难以完成在线检测任务,这在无形中就完成了对学生在线学习的控制。

(五)大数据视域下英语翻转课堂教学评价

大数据优化过程性评价。过程性评价一直以来都是英语课堂教学评价的薄弱环节,在大数据视域下,大数据提供了技术支持,教师可以利用大数据技术手段,对学生翻转课堂的学习过程进行有效的数据采集和整合,再根据过程性数据进行科学的分析和整合,从而对学生过程性学习做出及时的评价,让学生根据过程性评价及时调整学习行为、学习状态等,从而发挥课堂评价导学功效。

大数据优化评价方式。传统英语课堂评价主要以课堂检测为主,这种评价方式不仅单一化,而且实际效果不佳。大数据视域下,翻转课堂教学评价将得到进一步的优化,教师可以借助大数据技术支持,不断地优化翻转课堂评价的方式,除了传统的书面检测外,还可以采用在线测试、学生问卷等评价方式,不断丰富课堂评价方式,并借助大数据互动优势,引入学生评价主体,综合学生自评、互评等,拓展评价主体。通过优化评价方式,将过程评价、结果评价结合起来,将教师评价、学生评价等融合起来,提高翻转课堂评价的科学性和有效性。

大数据给大学英语带来了巨大的影响,为大学英语带来了机遇。大学英语教学构建翻转课堂不仅是信息技术发展与课程教学融合的结果,同时又有多重理论作为支持。作为大学英语教学,要进一步强化教学变革意识,能够根据大数据时代环境,构建英语翻转课堂,并且基于英语翻转课堂教学体系，进行系统化的设计，从而使翻转课堂更好地贴近英语教学，迎合学生认知特点。然而，翻转课堂教学模式建构不是一个简单的工作，它需要教师结合大学英语教学实践，不断地提高信息化素养，充分利用大数据，变革传统大学英语课堂，构建高效的翻转课堂，将大学英语教学推向一个新的高度。

第六章 高校英语教师的信息化教学能力研究

面对全球信息化的浪潮，世界各国高度重视社会信息化建设。加快教育信息化的建设与发展，提高公民的信息化能力与素质，培养适应信息化社会发展的人才，以增强本国的科技竞争力，整体提升综合国力，是各国追求的目标。社会信息化离不开教育信息化，教育信息化不能没有教师的积极参与。世界各国在教育信息化进程中，都对教师教育信息化发展给予了高度重视。没有教师教育信息化，就不会有教育信息化的改革与发展，教师信息化教学能力的培养是教育信息化的关键环节。

信息化教学能力，是以促进学生发展为目的，利用信息资源，从事教学活动、完成教学任务的综合能力。教师的信息化教学能力发展的目的是促进学生的发展，所利用的信息资源是介入教学中所有技术作用下的信息化教学资源，教师信息化教学能力是一种综合能力，它由若干信息化教学能力构成，是信息化社会中教师专业发展的核心能力。

第一节 教师信息化教学能力概述

一、信息化社会与教师专业发展

（一）基础教育改革对教师的要求

我国新一轮基础教育课程改革对教师的教学观念、知识结构、教学方式、教学能力等提出了新要求。新一轮基础教育课程改革，改变注重知识传授的倾向，强调形成学生积极主动的学习态度，从而要求教师由单一的知识传授者成为满足不同学生学习要求的帮助者、指导者、促进者，要求教师能够培养学生的创新精神与实践能力，培养学生终身学习的意识与能力，培养学生良好的信息素养。新一轮基础教育课程改革，使课程结构从单一走向多样、从分科走向综合。在信息化社会里，教师已不再是教学中唯一的知识来源，教学信息资源来源已多元化，教师的课堂教学权威已经被解构，从而要求教师具有新的课程观、教学信息资源观，要求教师从权威的课程执行者成为学习环境的创建者及教学信息资源的收集者、开发者和设计者。

新一轮基础教育课程改革，改变了学生的学习方式，体现了学生学习的主体性、参与性、探索性，要求全面发展不同学生的学习能力。要求教师转变教学方式，加强与学生的教学交往，培养学生搜集和处理信息的能力、获得新知识的能力、分析和解决问题的能力以及交流与合作的能力。新一轮基础教育课程改革，要求改变教学评价方式，改变传统评价过于强调的甄别与选拔，评价要促进学生的全面发展，倡导多元化的评价方式。课程改革对教师提出了各种要求，需要教师具有新的课程观，对教师的知识结构和能力素质提出了更高要求，需要教师转变传统教学方式，加强教学交往能力，教师教学能力的提升要促进不同学生的发展等。

（二）教师专业发展对教师的期待

教师专业发展是目前教育领域普遍关注的话题之一，教学能力发展是教师专业发展的核心。教师专业发展期待教师具有终身学习的意识与能力，动态地实现自身知识的更新以及教学能力的提升。要培养学生的创新精神与实践能力，首先需要发展教师的创新意识与提升应用实践能力，只有创新型的教师，才能培养出创新型的学生。教师专业发展需要教师具有一定的教学交往能力，既包括教师之间的教学对话、合作，以形成教师教学的集体智慧，也包括教师与学生之间的交流合作，以更好地完成教学，促进学生的全面发展。教师专业发展期待教师角色转变，由知识的传授者转变为学生学习的帮助者、指导者和促进者。教师专业发展不仅仅要求教师具有一定的教学能力，同时还需要教师有一定的学习资源开发能力和教学研究能力，尤其是教学研究能力。教师只有在教学实践中研究总结，才能有针对性地反思自己的教学，提高自身分析问题与解决问题的能力，从而有效地提升教学能力。在教学中研究，在研究中提高，才能更好地促进教师的专业发展。

（三）信息化社会对教师的挑战

教育信息化是社会信息化的重要组成部分，而教师教育的信息化发展，则是教育信息化发展的关键环节，也是促进教育信息化的重要力量。信息化社会中，教育思想、教学内容、教学方法等都发生了变革，对教师的知识体系和能力素质提出了挑战。

信息化社会中，教师的专业发展受到普遍关注和重视，世界各国都相继公布了教师有关教育技术的能力标准，开展了大量教师教学中信息技术应用能力发展的项目，为信息化社会中教师的教育技术能力发展提供了帮助与支持，在一定程度上，也规范了教师教育技术能力的培训与资格认证。如美国针对未来教师的 PT3 项目、英国教师的 ICT 培训、新加坡的 MP 项目、韩国教师的 ICT 素养培养、英特尔未来教育项目等。同时，联合国教科文组织也颁布了《信息和传播技术教师能力标准》，美国先后四次修订了《面向教师的美国国家教育技术标准》，英国政府公布了《ICT 应用于学科教学的教师能力标准》，信息化社会中，教师的专业发展受到世界各国的普遍关注，对教师的专业化发展也提出了挑战。

二、教师信息化教学能力的特点

教师的信息化教学能力，是教师在教学过程中，运用信息技术开展教学活动和完成教学任务的一种重要的特殊能力，它由一组能力组成，包括几个子能力。教师信息化教学能力是建立在教师信息化实践知识基础之上的，应该在一定的信息化情境中形成和发展。教师信息化教学能力主要的特点有：

（一）信息化教学能力的复合性

信息化社会对教师教学能力的要求，已不再局限于单一的传授知识和技能。教师的信息化教学能力包括传授知识、技能方面的能力，以及教学技术、技术化的知识内容、技术化的教学方法、技术化的协作教学等方面的能力要求；既有促进教师教学能力发展方面的能力，还包括促进不同学生信息化学习能力发展的要求；既有初级的信息化教学能力要求，又要具备更高层次的信息化教学能力素质。传统社会中教师的教学能力同样具有复合性的特点，但信息化社会中，由于信息技术要素的动态介入，使得教师的信息化教学能力更加复杂多样。尤其是现代社会教学信息来源多元化、学习资源环境数字化，使得教师的权威地位以及在教学中应发挥的作用发生了很大的转变。信息化的学习环境，对教师驾驭教学的能力提出了更高要求，期待教师的教学能力素质趋向于更加全面化的发展。教师不仅要有信息化教学知识内容的传授能力，更要具备促进不同学习风格和不同学习策略的学生实现信息化学习的能力，使因材施教在信息化社会中得以真正实现。因此，信息化社会中，教师信息化教学能力呈现出综合化、多层次化的特点，具有明显的复合性特点。

（二）信息化教学能力的关联性

教师信息化教学能力是由一系列子能力构成的，但各个子能力又是相互联系、相互影响、相互作用、彼此关联的。首先，基本的教学能力具有能力发展的基础性。教师的信息化教学能力是建立在一定的教学能力基础之上的，如驾驭学科教学内容的能力、一般教学法的相关能力、基本的教学技术能力等，都是教师信息化教学能力发展的基础能力。其次，信息化教学的相关学科内容能力、信息化学科教学法相关能力等的形成与发展，也是教师将教学技术、学科教学内容以及学科教学法融合的过程，体现出能力形成与发展的融合性特征。信息化教学能力发展中不同阶段的能力素质具有一定的递进性。教师的信息化教学能力素质，在不同的信息化教学能力发展阶段有不同的侧重。信息化社会中教师的各种教学子能力，只有通过在动态的发展中寻求新的平衡与协调，才能良性动态地形成与发展。

（三）信息化教学能力的发展性

首先，为了适应不同的、复杂的信息化教学情景与信息化教学实践，以满足不同学习对象的不同学习发展与能力要求，需要教师信息化教学能力动态地形成与发展，以适应动态发展变化的要求。其次，信息化社会中，信息技术更替周期逐步缩短，由此而形成的信息化学科教学与相关的教学方法，也同样需要不断发展变化，以满足相关教师教学能力变化发展的需求，适应新技术、新工具、新方法带来的变革。正是由于信息技术的时代发展引起信息化教学能力的动态更新与发展，所以需要教师主动适应这种动态变化的发展。再次，课程教学的改革与发展也需要信息化社会中教师能力的调整与改变，以适应教学改革与发展对教师能力结构提出的新要求，需要教师动态调整与发展、完善自身的教学能力结构。最后，在信息化社会中，教师自身的专业发展本身也是动态的、终身的。教师的专业化成长，需要教师在不同的职业发展阶段，不断完善和发展自身的教学能力结构。教师信息化教学能力的发展是有指向的，指向教师信息化教学智慧的创造，这种发展是终身的。

（四）信息化教学能力的情境性

教师信息化教学能力的形成与发展需要一定的信息化教学情境实践，是在一定信息化教学情境实践中呈现出来的一种特殊的能力形式，具有明显的情境性特点。同一教学对象、同一教学内容，在不同的信息化教学情境实践中开展的学习活动，需要教师有不同的信息化教学能力去适应，以达到开展相应教学活动的目的。教师信息化教学能力不能脱离一定的信息化教学情境中主体实践的体验而单独存在，教师信息化教学能力的体现与发展，必须是在一定的信息化教学情境体验中完成的，没有信息化教学情境的实践性体验，就不会有教师信息化教学能力的发展。教师不仅仅要具有适应不同信息化情境中主体实践体验的能力要求，更重要的是，教师需要将不同信息化情境中教学的知识能力素质迁移到其他相关的信息化教学情境中，从而促进教师信息化教学实践能力的发展。

第二节 教师信息化教学能力构成

一、教师信息化教学能力的知识体系

信息化社会中教师教学能力的知识结构具有明显的层次性。依据教学中对教师教学能力的不同要求，我们将教师信息化教学能力的知识分为三个层次。第一层次包括学科知识、一般教学法知识、学科教学法知识和教学技术知识。这四类知识是教师信息化教学能力的知识基础。第二层次包括信息化学科知识和信息化教学法知识。这两类知识是教师信息化教学能力的知识主体。第三层次包括信息化学科教学法知识,其是教师信息化教学能力的最高知识要求。(见表6-1)

表6-1 教师信息化教学能力知识体系

教师信息化教学能力知识体系	具体知识内容
知识基础	学科知识、教学法知识、教学技术知识
知识主体	信息化学科知识、信息化教学方法知识
最高知识要求	信息化学科教学法知识

第一层次的知识是教师信息化教学能力的知识基础,具体知识内容包括:学科知识,主要指教师所从事学科专业的知识、概念、理论、方法以及相关联的学科理论内容等,是教师从事学科教学的专业知识准备。一般教学法知识,主要指教学的一般性原理、策略和方法等,可以完成教学的准备、教学的实施、教学的管理、教学的评价以及对教学目标和教学过程的认识等,以促进教师教学和学生学习的一般性的教育教学知识。学科教学法知识,主要是学科知识和一般教学法的综合,这是舒尔曼提出并得到广泛认可的知识,涉及对学科知识的表达、传输以及呈现等,以方便教与学的过程。教学技术知识,主要指广义上教学媒体和教学手段的应用知识,既包括教科书、粉笔、黑板、模型、教具等使用的技能,当然也包括幻灯、投影、广播、电视、计算机、互联网等应用的硬件知识与技能。

第二层次的知识是教师信息化教学能力的知识主体,具体知识内容包括:信息化学科知识,主要指教学技术与学科知识相互融合后的知识,教学技术可以使学科知识以信息化的方式更方便、更灵活地表达、呈现与扩展。当然,也可以根据具体的学科内容选择合适恰当的教学技术。信息化教学法知识,主要指教学技术与一般教学法融合后产生的新知识。教学技术介入教学过程后,教学中的要素发生了变化,在教学技术的作用下,既会巩固拓展原有的教学法,也会因此产生一些新的教学方法,如网络环境下的探究式教学、协作教学以及基于信息技术环境的情景教学等。

第三层次的知识是教师信息化教学能力的最高知识要求,具体内容包括:信息化学科教学法,主要指教学技术与学科知识、一般教学法融合后产生的一类特殊的知识,是教师信息化教学能力的最高知识要求,也是教师信息化教学能力发展中,教师获得知识的最高境界与追求。这类知识已经超越了学科知识、教学法知识、教学技术知识的各自内涵,是三类知识的融合与动态平衡,可以在具体的学科教学中,运用合理恰当的教学技术,设置适合学生学习的信息化教学情境,拓展教师的信息化教学,以更好地促进教师信息化教学能力的发展,促进学生信息化学习能力的发展。

教师信息化教学能力的知识核心则包括教学技术知识、信息化学科知识、信息化教学法知识以及信息化学科教学法知识四个方面。

二、教师信息化教学能力的结构

知识是能力的基础，知识需要转化为能力。能力是知识的目的，是运用知识解决问题的能力。能力的体现既要综合运用知识，又要分析解决具体问题。教师的信息化教学能力，是信息化教学能力知识体系与信息化教学实践的有机统一。教师的信息化教学能力可以划分为六种子能力：信息化教学迁移能力、信息化教学融合能力、信息化教学交往能力、信息化教学评价能力、信息化协作教学能力，核心是促进学生信息化学习能力。

（一）信息化教学迁移能力

教师信息化教学迁移能力的实质主要有两个方面：一是不同信息化教学情境中的教学适应能力迁移，即横向迁移。二是信息化教学知识技能的转化迁移，即纵向迁移。教师信息化教学迁移能力是教师信息化教学能力的基础能力，也是教师信息化教学能力可持续发展的重要条件。

1. 信息化教学纵向迁移能力（转化迁移）。其主要指教师将学习获得的知识技能应用于解决信息化教学中的实际问题，也应用于现实的信息化教学活动中的能力。教师通过学习所获得的信息化教学知识与技能，需要将其应用于实际的信息化教学情境中，解决现实中的各种信息化教学问题。对于信息化问题的有效解决，就需要通过迁移，从这个意义上来看，迁移也是信息化教学知识技能向信息化教学能力转化的关键。通俗地来说，就是学以致用。

2. 信息化教学横向迁移能力（适应迁移）。一种信息化情境下的教学活动，在另外一种新的信息化教学情境中未必适用。信息化教学横向迁移能力主要指教师将一种信息化教学情境中的教学经验创造性地应用于其他新的信息化教学情境中的能力，是教师对原有信息化教学能力结构的拓展与延伸。在信息化教学情境中，教师对教学情境的把握、教学活动和教学方式的策略选择、教学媒体的应用、教学活动的程序等，都要依据自身的相关教学经验和借鉴他人的成功做法。通俗地来说，就是举一反三、触类旁通。

（二）信息化教学融合能力

信息化教学融合能力具体包括三个方面的子能力：

1. 信息化学科知识能力，即信息技术与学科知识的融合能力。信息技术与学科知识相互融合，会形成学科知识的新形态。原有学科知识形式的新呈现、内容的新拓展，是需要教师将学科知识信息化的一种能力要求。

2. 信息化教学法能力，即信息技术与一般教学法的融合能力。是信息技术与一般教学法相互融合后，形成的一类新的知识类型，需要教师具备将信息技术与一般教学法融合，同时还需要教师能够驾驭信息化情景中的一些基本的教学原理、方法与策略等。

3.信息化学科教学法能力,即信息技术与学科教学法的融合能力。信息技术与学科知识、一般教学法相互作用形成的一种特殊知识形态,需要教师具备教学技术知识、学科教学法知识,当然更需要教师将教学技术与学科教学法融合的能力。只有将信息技术与学科内容知识、教学法相互融合,发挥各类知识内容与各种方法策略的优势,才能使教师在新的学科知识形态和新的学科教学方法与策略的基础上,实现教学效率和效果的有效提高,才能使教师的信息化教学能力得以有效提升,从而促进不同学生在学习能力上的全面发展。

(三)信息化教学交往能力

信息化教学交往能力,是指教师和学生在信息化教学情境中,彼此交换思想与感情,促进师生间的交流与沟通,以实现学生能力发展为重要目标的一种教学能力形式。信息化教学交往能力是教学活动中师生的信息化互动,是信息化的教学交往实践,体现了教学中教师与学生之间的关系。信息化社会中的教学既是知识、技能的传授,更是学生学习能力发展的促进,因此需要教师与学生间有效地交往。信息化教学中的教学方式体现出选择化和互动化的特点,相应的,学生的学习方式也走向了合作、对话、交流、探究与实践等。教师的信息化教学交往能力包括课堂信息化教学交往能力和虚拟信息化教学交往能力。

1.课堂信息化教学交往能力,是指在课堂信息化教学情境中,教师与学生的教学交往能力。在课堂信息化教学情境中,需要实现师生之间的多元化教学交往,需要定位师生之间新的教学交往关系与角色。教师是信息化情境中学习过程的设计者、学习资源的开发者、学习活动的组织者、引导者和管理者,学生是积极主动的学习者。在课堂信息化教学情境中,教师要与学生实现信息化的交流与沟通,实现与学生的平等对话。教师也要对学生的信息化学习过程进行指导,让学生在信息化环境中学会学习。教师还要对课堂的信息化教学活动合理协调,保证课堂信息化教学活动的有序顺利开展,既有对学生学习的协调,也有对教学活动序列的协调。教学协调能力,是教师课堂信息化教学交往得以有效进行的保障。教师的课堂信息化教学交往能力,是促进教师有效教学和学生有效学习的重要能力指标。

2.虚拟信息化教学交往能力,是指在虚拟的信息化教学情境中,教师与学生的教学交往能力。信息化教学交往能力,在更多意义上指的是虚拟信息化教学交往能力,在虚拟的学习环境中,师生之间的有效教学交往是保障学生学习顺利开展的前提条件。

在内容上,虚拟信息化教学交往能力,主要包括教师为学生提供虚拟学习环境中的学习支持,监控学生在虚拟学习环境中的学习行为,对学生学习中遇到的各种问题,能够通过虚拟的学习环境提供尽可能的帮助。在形式上,虚拟信息化教学交往能力,主要包括教师与学生个体之间的虚拟信息化教学交往、教师与学生群体之间的虚拟信息化教学交往、学生与学生之间的虚拟对话交流与合作交往等,实现多元化的信息化教学交往。

(四)信息化教学评价能力

教师的信息化教学评价能力,主要是指教师对信息化教学和学生的信息化学习做出合理的价值判断，调适信息化情境中的教学行为，规范指导学生的学习行为，以实现教学过程的优化。信息化教学评价，既关注对教师的教学评价，更强调针对学生的发展和学生整体素质提高的评价；既关注结果的评价，更强调过程的动态评价。信息化教学评价体现出发展的、全面的、多元的、动态的特点。教师的信息化教学评价能力可以分为两类：学生信息化学习的评价能力和教师信息化教学的评价能力。

1. 学生信息化学习的评价能力。信息化社会中的教学评价，既要关注学生个体的发展和个体的差异，同时也要关注信息化情境中学生创造性的学习能力和综合素质的提高；既要关注对学生信息化学习中知识技能的评价，也要关注对学生信息化学习中实践能力发展和情感培养的评价；实现从单一的评价方式向促进学生全面发展的评价方式的转变。学生信息化学习的评价具有很强的导向性，强调以促进学生信息化学习能力的发展、创造性实践能力的提高为评价的主要价值取向。

2. 教师信息化教学的评价能力。关于教师信息化教学能力的评价，关注以促进教师有效教学为目的的教师信息化教学质量评价，是相对注重结果的评价，更加强调以促进教师专业发展为出发点的发展性评价，以帮助教师不断提高自身的教学能力和相关的业务水平，实现针对教师信息化教学的过程性动态评价。

（五）信息化协作教学能力

传统意义上的教师协作教学，一般是指教师在备课、教学观摩、教学活动、科学研究等方面的有效协作。信息化社会为教师协作教学提供了可能，拓展和延伸了教师协作教学的能力。

联合国教科文组织在《信息和传播技术教师能力标准》的"知识深化办法"模块中，提出"教师应能够运用网络资源来帮助学生开展协作、获取信息和与外部专家进行沟通，以分析和解决特定问题"，就教师的职业发展方面，强调"教师必须具备技能和知识，以创设和管理复杂的项目，并与其他利用网络来获取资料的教师、同事和外部专家合作，促进自身的职业发展"；同时联合国教科文组织在《信息和传播技术教师能力标准》的"知识创造办法"模块中，进一步强调"教师必须能够打造基于信息和传播技术的知识团体，并运用信息和传播技术来支持培养学生的知识创造技能及其持续不断的反思型学习"。对于教师的职业发展，进一步提出了教师应能够发挥领导作用，并建立和执行一个关于其学校的远景：一个以创新和持续学习为基础并因信息和传播技术而更加丰富多彩的社区。

美国在《面向教师的美国国家教育技术标准》（2008版）中也明确提出，教师应能够"与学生、同事、家长及社区成员合作使用数字化工具和资源，支持学生有效学习和创新能力发展"，应能够"使用各种数字化时代的媒介和方式与学生、家长及同事就一些信息和想法进行有效沟通"。

信息化社会中，教师需要发展信息化教学协作能力与信息化教学集体智慧，需要利用数字化网络资源与同事、专家合作，打造基于信息和传播技术的集体教学知识和多元化的集体教学能力，以支持学生的有效学习和创新能力的发展，同时促进教师自身的职业发展。有关教师信息化教学协作能力的相关研究，各个国家目前已经开始广泛关注，也是当前教师信息化教学能力发展研究的新领域，是各国对教师相关教育技术能力的新要求。

（六）促进学生信息化学习能力

信息化社会对教师的教学能力提出了新要求，学生相应的学习能力也发生了变化。以往的相关研究注重信息化环境中，教师有效教学能力的提升和对教师专业发展的促进。目前，人们更多地把研究的问题聚焦于学生的能力发展方面。这也就是说，教师教学能力的发展是为了促进学生学习能力的发展，从各个国家的有关教师教育技术能力标准的要求中，能看到这种变化趋势。我们也认为，教师信息化教学能力的发展，是为了促进不同学习风格和策略的学生信息化学习能力的发展。换句话来说，虽然关注的是教师的信息化教学能力的发展，但发展这种能力的目的是为了促进学生信息化学习能力的发展。因此，在关于教师信息化教学能力的结构图中，我们将"促进学生信息化学习能力"放在了其他教师信息化教学系列子能力中间，其他子能力的发展是为了促进学生信息化学习能力的发展，是为了促进具有生命活力的人的全面和谐发展。

第三节　教师信息化教学能力的发展策略

一、信息技术作用下的教学走向

人类从工业社会进入信息社会后，机械化、工业化、规模化的教育信息批量生产受到了莫大的冲击，信息技术使教学时空、教学内容、教学资源、教学方式等都发生了巨大的变革。

1. 教学时空走向开放

信息化社会中，教学的物理时空得到了拓展和延伸，使教学早已超出了校园的围墙。信息时代的学习，将不仅仅是在课堂与教师面对面的教学中完成，也可以在不同的学校、不同的地区、不同的国家，或是在地球的任何角落，满足不同的学习者不同的学习需求。学习者可以是"在场式"的学习，也可以是"在线式"的学习，还可以是"在场式"学习与"在线式"学习的有机结合。信息技术作用下的教学时空，已经从封闭走向了开放。

在教学的物理空间延伸的同时，师生的情感空间和心理空间也得到了扩展。传统社会中教师的权威早已被解构，单一课堂教学中的师生关系已经演变为网络虚拟空间中带有各种不同学习需求、来自不同国家与民族的各类学习者之间的情感与心理交融,师生关系也已经包括网络虚拟空间中并未谋面的教师与学生之间的教学交往与交流。同时,教学中的教师,也并非是唯一的教学信息来源。信息化社会的教师协作教学也将变得更为可能与现实,教师教学中的各种协作与交流将更为广泛有效。

2. 教学内容走向仿象

传统课堂中的教学,教学内容呈现的多是文字和语言,虽然也有一些直观生动的教学手段和教学工具,但教学内容的抽象化程度依然较高。而信息技术作用下的教学内容,更具仿象性。教学中大量的图片、声音、动画、视频等多媒体表达元素,使抽象的知识内容变得更加直观具体。事实上,自从出现了专业教师,其教育教学的抽象能力一直在逐步增强。然而,这种抽象事物的能力,要通过更多的形象和直观具体地去表达来培养,进而实现对抽象知识或事物现象的更好理解与认识。从这个角度上看,教师的专业发展既是其抽象事物能力逐步增强的过程,更是其利用多媒体表达手段,形象直观地表达抽象知识和事物现象能力逐步发展与成长的过程。因此,信息技术作用下的教学内容,通过更多的直观形象表达方式,使教学内容从抽象走向了仿象。

3. 教学资源走向统整

信息技术使优质的教学信息资源实现有效共享,教学资源从分散走向了统整。信息的最大特性莫过于其共享性,而信息化社会中,教学信息资源实现了真正意义上的有效共享,体现了学习者获取教育信息资源的便利性和平等性。信息技术作用下统整的教学信息资源,既可以满足不同学习者的学习需求,也有助于改善教师的教学,丰富教师教学信息资源的选择。统整的教育信息资源,使教学信息来源多元化的同时,也促进了教师的信息化教学能力发展,学生的信息化学习能力也得以增强,从而加速了教育教学的信息化发展,推动了整个教育信息化的进程,乃至深化了整个社会的信息化发展。

4. 教学方式走向个性

信息技术作用下的教学方式,使不同学习者的不同学习需求得以真正实现,教学方式从一统走向了个性。传统教学中的共性与个性问题,虽被人们广泛关注,但始终是教学中的"死结",在传统教学中难以得到有效的解决。信息化使教学方式中的共性与个性问题找到了解决的有效途径,使真正的因材施教成为可能。不同的学习者,既可以根据批量化的教育信息资源,实现统一进度的学习,更重要的是,也完全可以根据个性化的学习需求,实现量身定做的"自助式""订单式"学习,使学习更具个人色彩,真正体现学习者的主体地位。学习者可以按照不同的学习兴趣,自由地选择学习时空、学习内容、学习方式等,以满足在信息时代个性化的学习需求。

二、教师信息化教学能力的发展策略

为适应教师专业发展及教师信息化教学能力发展的要求,针对信息化教学能力职前培养和在职培训机构各自为政、内容体系不协调、不衔接,甚至相互重叠、信息化教学能力价值取向严重偏颇、资源配置缺乏合理等一系列问题,推行职前教师信息化教学能力培养与职后信息化教学能力培训一体化,通盘考虑教师的职前培养和在职培训,形成并完善教师信息化教学能力终身发展体系。

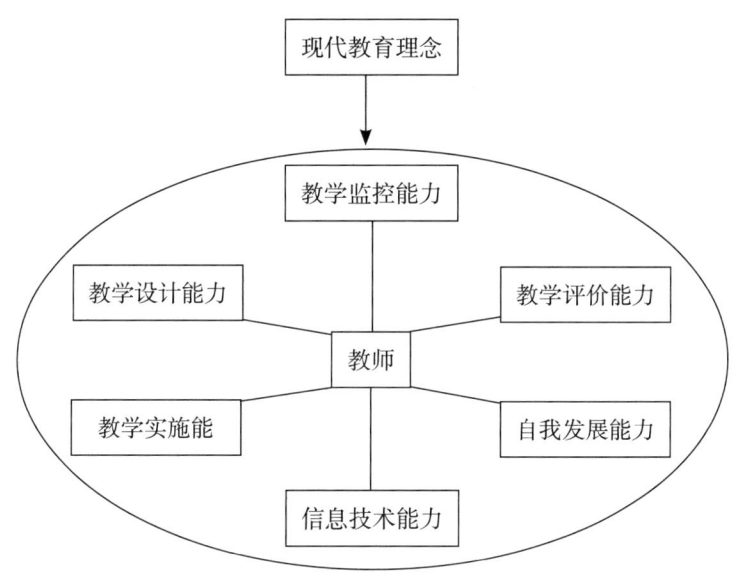

图 6-1 教师信息技术与课程整合能力结构图

(一)教师信息化教学能力发展的特点

教师信息化教学能力的发展,符合能力发展的一般规律,但也有其自身发展的特殊性,教师信息化教学能力的发展是动态的、系统的、有指向的。

1. 教师信息化教学能力发展是动态的

教育的发展和教学的改革,需要教师的不断成长,教师的专业发展也需要教师能力素质的不断提高。作为介入教师信息化教学能力中的教学技术,更是具有发展的时代性。因此,教师信息化教学能力并非固定不变的,而是处于一种动态变化的状态。在不同的历史时期、社会背景、教育背景下,教师信息化教学能力的要求是动态的、变化的、不确定的,但也是有指向的,教师必须适应这种动态变化的不确定性要求。同时教师信息化教学能力的发展也是动态的,这种动态性是教师信息化教学能力不断发展、不断完善、不断提升的过程,也是适应社会的变化,不断更新知识和能力素质、追求新知的过程。动态发展的动力既来自学习、教学实践和协作教学等,更直接是来自教师信息化教学能力发展的情意和发展的自主性，需要教师具有自主学习、终身学习的意识与能力。

2. 教师信息化教学能力发展是系统的

教师信息化教学能力的发展，绝非"哪儿有病医哪儿"，也绝非简单的"查缺补漏"，应该是"源头活水"。

首先，教师信息化教学能力的发展不能仅仅依靠职前的知识技能学习，也不能单一地依靠在职参与的一些能力发展项目。教师信息化教学能力的发展，既有知识技能方面的结构要求，也有其自身能力方面的素质要求，是知识技能与能力素质的一体化发展。

其次，教师信息化教学能力在不同的发展阶段有不同的发展侧重。职前教师的能力发展，更加侧重知识的积累和技能的模仿体验，在职教师的能力发展，更加侧重不同信息化教学情景的能力迁移、融合和具体的信息化教学实践。职前能力发展和在职能力发展既有不同的侧重点，又有发展的一体化紧密衔接。

最后，教师信息化教学能力的发展不仅仅是教师个体的专业化成长，更是关乎学生的成长、教育的发展和社会的发展。教师的信息化是教育信息化的关键环节，教育信息化也是社会信息化的重要组成部分。教师信息化教学能力的发展已经不再是单一的个体内部成长，而是关乎个体外部的诸多关联要素。从教师个体成长到促进学生、教育和社会的发展，体现出了发展的系统性。

3. 教师信息化教学能力发展是有指向的

教师信息化教学能力发展是一个有目的、有指向的过程。从教师信息化教学能力发展的知识结构来看，寻求教师的信息化学科教学法知识是其归宿，而教师整体知识体系的发展指向了教师信息化教学智慧的创造。从教师信息化教学能力发展的能力结构来看，教师自身信息化教学能力的提高、实现教师的专业发展是其归宿，而教师自身能力素质的发展指向了学生信息化学习能力的发展和学生的成长。教师信息化教学能力的知识结构和能力素质发展，都有明确的指向性。

（二）教师信息化教学能力发展的策略选择

教师信息化教学能力发展的促进策略，可以从宏观策略、中观策略、微观策略三方面分析。其中，宏观策略是促进其发展的外部环境条件，中观策略是促进其发展的方法论，微观策略是促进其发展的内部系统和直接条件。

1. 宏观发展策略

宏观层面的教师信息化教学能力发展策略，主要是促进其发展的外部环境条件策略，主要包括社会发展的需求、国家政策的保障、教育改革的引导、学校组织的支持以及教师成长的动力。

（1）社会发展的需求

人类已经从工业时代步入信息时代，信息技术影响和改变着人们的工作、学习和生活方式。现代社会已经是一个高度信息化的社会，信息社会的一个重要特征，就是信息量激增，知识更新周期缩短。教育的信息化是社会信息化的一部分，教师又是教育信息化的重要关键环节。信息技术融入教育领域后，教学的方式、学习的方式、教育信息资源、教学环境以及人们的思维方式等发生了巨大变化。教师要适应信息化社会的发展与变化要求，就必须主动实现其自身角色转型、提升自身的能力素质。这也就是说，信息化社会中的教师，既要具有一定的信息素养，还要实现自身角色的转变，更要发展教师的信息化教学能力。

信息化社会需要培养出具有创新精神和实践能力的信息化人才，这就首先需要教师实现自身的信息化发展。应该可以这样说，信息化社会呼唤教师的信息化发展，信息化社会中教师的能力，尤其是教师的信息化教学能力，是时代赋予教师的责任与使命。因此，教师信息化教学能力的发展，是信息时代对教师的能力要求，也是信息技术深入渗透教育的发展需要。

信息化社会对教师能力发展的期待，要求教师在学习学科专业知识、懂得一般教学法和学科教学法的同时，还要熟练掌握教学技术的知识与能力。在此基础上，要求发展成教师的信息化学科知识、信息化教学法知识和信息化学科教学法知识。在信息化教学实践中，逐步形成为教师的信息化教学智慧。从这个意义上来看，教师的教学技术能力是教师信息化教学能力发展的技术基础，教师的信息化教学知识和信息化教学实践是主体，信息化教学智慧是归宿。

（2）国家政策的保障

教育信息化是当今教育发展的潮流与趋势，世界各国都十分重视教育信息化的发展。从专门针对信息化社会中的教育规划、教育改革方案，到教育信息化基础设施、教育信息资源、教师信息技术与能力培训等，从国家政策层面给予教师的信息化发展以支持与保障。相关的研究，前文已经做了具体论述。从教师信息化教学能力发展的策略来看，各国的政策支持与保障，集中体现为相关通用教师教育技术能力标准的颁布与实施、教师相关信息技术能力的国家层面的培训项目支持等。

应该说，随着时代的变化发展，各国都在加强开展教师相关信息技术能力培训的同时，不断地调整对教师的相关能力要求。如美国公布的《面向教师的美国国家教育技术标准》（2008版）已历经四次修订，新加坡的 MasterPlan（简称 MP 项目）规划也是经历三次修订，并于 2009 年年初公布了最新的 MP 计划。各个国家都随着时代的发展，相继调整自己的教师教育技术能力标准与能力发展项目，这是适应了时代变化的要求。我们所主张的教师信息化教学能力动态发展的观点，也正是基于此。动态变化并非难以确定，而是顺应了时代变化的需要。通用的相关教师教育技术能力的标准，既是对教师相应能力的规范，也是对教师相关能力发展项目的引导。

从国家政策保障的层面看教师信息化教学能力的发展，既要重视教师教育技术能力中相关教师信息化教学能力的明确要求，动态调整教师相关能力标准的规范，又要重视对教师相关能力的培训、考核与认证。但仅仅这些是远远不够的，国家政策层面应该更加重视教师信息化教学能力发展的经费投入。教师信息化教学能力的发展绝非依靠单一的相关能力培训就能解决的，培训仅仅是其能力发展阶段的重要促进环节而已。我们一直强调教师信息化教学能力发展的多层面和终身化，尤其是教师的自主学习和教学应用实践的策略，显得更为重要。因此，国家也应该从相关政策上鼓励、支持，并有效保障教师信息化教学应用实践。从世界范围来看，我国无论是在政策保障、政策激励方面，还是在经费投入方面，都存在一些差距。

（3）教育改革的引导

为了适应信息化对教育以及教师能力提出的挑战，培养信息化社会所需的、适应时代要求的高素质人才，各国相继推行了教育教学领域的改革，以适应信息化社会对人才培养的挑战与要求。应该说，教育教学改革在课程体系、实践教学、教学方法策略等方面，已经有了很大的改革与引导。我国在基础教育方面的相关改革也获得了很大发展，这也直接引导了对教育教学评价的价值取向。

在我国，存在教师教育的改革落后于基础教育课程改革步伐的现象。在教师相关信息技术能力培训中，这种现象尤为突出。从教师信息化教学能力发展的角度分析，美国和新加坡教师信息技术能力培训标准的这种价值取向变化，强调了教师信息化教学能力发展的目的是要促进学生信息化学习能力的发展。从这种价值取向的变化来看，教师有关信息技术能力的培训，相应的教学评价就不能仅仅局限于教师信息化教学能力的提升，而更应该把相关教师能力标准、教师的相关教学评价以及相关科学研究的目光，及时转向信息化社会中学生的发展。

（4）学校组织的支持

学校是教师教育教学活动的场所，也是教师教学能力发挥的平台。促进教师信息化教学能力发展的所有外部条件中，学校是最直接的促进因素。下面主要从校长的支持、资源的准备、培训的参与、教学的交流等几个方面分析。校长对于学校的发展有一定的驾驭和引导责任，与教师存在着领导与被领导的关系。校长对教师的信息化教学能力发展的促进策略，集中体现在两个方面：一是校长对教师信息化教学能力的认识。二是校长对教师信息化教学能力的认可。教师信息化教学能力的发展需要来自学校层面的理解、支持、引导、帮助，既包括校长给予教师的精神鼓励，还包括必要时的物质激励手段。校长对教师信息化教学能力的认可，要在学校形成一种能力发展的氛围，这样才会有利于促进教师信息化教学能力的发展。

教师信息化教学能力的发展，需要在一定的信息化教学情景中完成。因此，学校相应的信息化教学基础设施建设和教育信息化资源的设计、开发与准备是必不可少的。学校既要完善基本的教学设施建设，也要加大对信息化教学基础设施的配备力度。

在职教师的相关信息技术应用培训，是教师信息化教学能力发展阶段性促进的重要环节。学校可以鼓励，甚至是有计划地安排教师参与相关的信息技术能力发展项目培训，或专门针对本校学科教师的实际情况，组织教师参与校本培训。在职教师的培训，是促进教师信息化教学能力发展的重要方式和渠道，学校应给予足够的重视与支持。

学校有责任引导、组织学科教师开展信息化教学的研讨、观摩，开展教师间的信息化协作教学，包括信息化教学集体备课、集体讨论、集体教学研究等。学校既可以组织面向本校教师的信息化协作教学交流，也可以利用网络等方式，促进不同学校、不同地区，甚至是不同国家的相关学科教师，开展教学交流与对话。既可以是教师间的协作交流，也可以是教师与学生、教师与专家的交流对话。充分的教学协作与交流，有利于教师信息化教学能力发展的经验共享。

（5）教师成长的动力

教师信息化教学能力的发展，外因是条件，内因是根本，发展的最终内驱力，来自教师本身。因此，教师对信息化教学能力的自信心、正确的态度、时间保证、知识的准备等，都是教师信息化能力发展的直接内部促进力量。同时，信息化社会教师的专业成长需要，也直接促进了教师信息化教学能力的发展。

教师信息化教学知识体系和能力素质的发展，是基于教师信息化教学情意的，这种情意是教师态度和自信心生成的直接促进因素。只有教师本人愿意，并在信息化教学能力发展方面有信心，其能力才有可能得以发展。

信息化社会中教师的专业发展，也要求教师信息化教学能力的理性提升。信息技术与教师专业发展的关联，从外部来看，信息技术不同程度地促进了教师的专业发展；从内部来看，信息技术已不仅仅是教师专业发展中知能结构的一部分，它已经渗透于教师专业发展中知能结构的各方面。

信息化教学能力发展过程中，教师的自主学习贯穿始终。在这个意义上，教师的信息化教学能力发展既是自主的，也是终身的。只有教师对自身信息化教学能力发展有信心，也有兴趣，并愿意为此做出努力，这种能力才会有更大的发展。

2. 中观发展策略

教师信息化教学能力的发展，也需要一定的方式、方法和策略，也就是要有促进其发展的方法论，即教师信息化教学能力发展促进策略的中观层面。在这一层面中，促进教师这一能力发展的关键环节是职前培养、教学实践、在职培训、协作交流、自主学习。教师信息化教学能力发展中观层面的促进策略，主要表现在职前培养与在职培训相结合、传统方式与网络在线相结合、技术知识与实践应用相结合、自主学习与协作交流相结合等方面。

（1）职前培养与在职培训相结合

教师信息化教学能力发展是一个系统的过程，发展的过程从静态走向了动态，从封闭走向了开放，从单一走向了多元，从传授走向了协作，实现了从阶段性教师培训到终身能力发展的观念转变。应该说，职前培养与在职培训都是教师信息化教学能力发展的重要促进环节，是不同能力发展阶段的台阶或节点，不应将其割裂开来，要将职前培养与在职培训紧密衔接。

世界各国对职前教师，也就是对未来教师的培养都很重视，是从教师能力源头上入手的。如美国等一些西方国家，相关教师教育技术能力标准主要针对的是未来教师，而我国则主要针对的是中小学在职教师。职前教师和在职教师在能力发展方面的侧重点不一样。职前教师主要以技术知识、技能的学习和模仿为主，虽然也有一些教学实践环节，如教学实习等，但总体上要以教师信息化教学知识和技能的获得为主。在职教师主要以知识、技能在新情景中的动态应用实践为主，当然也包括一些技术知识、技能的学习。教师信息化教学能力的知识体系，是教师信息化教学能力的基础，而后者又是前者的目的。

（2）传统方式与网络在线相结合

世界各国教师相关信息技术能力发展项目的经验是，在开展面对面的培训的同时，相继开展了网络培训，实现了传统方式与网络在线的有机结合。信息化社会中，获取学习信息资源的渠道已经多元化，教师信息化教学能力发展的知识获取、教学经验分享、教学研讨、协作教学等，都可以通过网络在线的方式来实现，实现与传统方式的有机结合。

（3）技术知识与实践应用相结合

教师信息化教学能力的技术知识，职前教师主要通过系统学习的方式获得，在职教师则主要通过自主学习、参与培训等方式获得。教学技术知识要转变为教学应用能力，就需要重视教师的实践教学环节。职前教师可以在学习中体验模仿，通过积极参与教学实习，强化对技术知识的实践应用转化。在职教师的教学实践，是将所学教学技术知识转化为应用能力的重要环节和有效方式。

（4）自主学习与协作交流相结合

在信息化社会，需要教师既具有自主学习的意识，也具有自主学习的能力，以适应社会发展变化和教师专业成长的需要。自主学习是教师成长的重要动力，教师可以自由选择、自主控制，自主学习贯穿于教师专业发展的始终。教师信息化教学能力发展的开放性、动态性、终身性，都需要教师具有自主学习的能力。

信息化社会的教师协作交流，既包括教师同行间的教学交流、教学观摩、教学研讨等，也包括教师与学生、教师与专家的交流对话。信息化社会中，教师既要能够实现面对面的协作交流，也要发展虚拟的、远距离的、跨时空的协作交流的能力。教师的信息化协作教学，能有效共享集体的知识、经验与智慧，形成教师信息化教学的共同体。

2. 微观发展策略

微观策略是促进教师信息化教学能力发展的内部系统和直接条件。自主学习、教学实践、协作交流，是教师个体促进能力形成与发展的集中体现。微观层面的促进策略，集中体现在教师以自主学习为主的知识积累、以教学实践为主的应用迁移、以协作教学为主的对话交流等方面。

（1）以自主学习为主的知识积累

教师的自主学习是职业发展生涯中必不可少的，是促进教师信息化教学能力可持续发展的基础条件和动力源泉，是教师专业发展的内驱力。教师自主学习的目的就是要实现技术知识积累，促进教学，促进学生的发展。在职前教师学历教育的系统化学习中，需要学习理论知识；在职教师的阶段性培训中，也需要学习理论知识并能够实践应用，以实现教学能力的提升；在教师的协作化教学中，同样需要交流对话、相互学习，共同提高。信息化社会中教师的自主学习，是一种过程，也是一种方式，更是一种能力。自主学习，使得教师在信息化教学能力不同发展阶段获得的离散知识更具系统化，使得信息化社会中教师的专业发展更具动态化、可持续、终身化。因此，教师信息化教学能力的可持续发展，需要教师实现以自主学习为主的知识积累。

（2）以教学实践为主的应用迁移

教师的信息化教学实践，绝非简单的技术性教学实践，而是实践中有反思，反思中有智慧。在形式上，教师信息化教学实践似乎仅仅是"躯体的"，但它显然是教师教学技术知识、技能在具体情景中迁移应用的体现，是一种"理论化的实践"。因此，教师要以教学实践为主，在不同的信息化教学情景中，实现信息化教学融合与信息化教学交往，在实践中反思，在反思中成长，最终实现教师信息化教学智慧的生成与创造。

（3）以协作教学为主的对话交流

教师的信息化协作教学能力，是其信息化教学能力的重要能力。协作化教学能力，集中体现在教学观摩、教学研讨、协作交流、协作科研等方面，有利于促进教师信息化教学能力的整体提升与发展。帕尔默指出，"任何行业的成长都依赖于它的参与者分享经验和进行诚实的对话，同事的共同体中有着丰富的教师成长所需要的资源"。

教师的信息化协作教学，实现了教师间的相互交流、相互促进、相互提高，有助于教学经验交流、教学资源共享，有利于促进教师信息化教学能力的发展。教师的信息化协作教学能力，既包括了教师同行间的协作交流，也包括了教师与专家、教师与学生的交流对话等；不仅仅是指面对面的交流对话，更突出信息化环境中的协作教学与对话交流。信息化社会中，强调教师以协作教学为主的对话交流的发展策略，则更具发展的时代性。

第四节 信息技术与英语教学整合过程中的大学英语教师

目前信息技术与英语教学整合已受到越来越多的关注，但在整合实践中，也出现了各种各样的问题。正如庄智象等指出的：①思想上、组织上、管理上面临挑战；②软、硬件建设发展不协调；③培养英语教师的母体——高校英语专业在多媒体教学实践中发展缓慢；④理念、手段、方法之间还存在不匹配、不协调、不成体系等问题。（庄智象，2004）"教师自身的信息化教学技术能力低下而成为制约英语信息化教学的瓶颈问题"，在第二届中国英语教学法国际研讨会上，"多媒体教学模式中的教师角色定位"等问题引起了大家的关注。（蔡基刚，2006）顾佩娅在访谈中指出在计算机辅助教学环境中，教师角色、教学互动等问题尚需解决。下面笔者拟对信息技术与英语教学整合中的教师角色定位及出现问题等情况进行探讨分析。

一、信息技术与英语教学整合过程中的教师技能分析

（一）信息技术与英语课程整合过程中的教师角色定位

目前信息技术与英语课程整合正处于探索、研究阶段，是在传统课堂基础上"以课堂教学与在校园网上运行的英语教学软件相结合的教学模式为主要发展方向"（祝智庭，2002）进行的。北京师范大学现代教育技术研究所的何克抗教授（2000）指出，"整合"的实质是变革传统的教学结构，改变"以教师为中心"的教学结构，创建新型的、既能发挥教师主导作用又能充分体现学生主体地位的"教师主导、学生主体相结合"教学结构。可见，在信息技术与课程整合中，教师不再是传统教学课堂上的核心和控制者，而是以学生为中心的意义建构协助者、合作者、引导者，学生良好情操的培育者。

全球范围内对英语教师角色期待的调查显示：①知识来源（source of knowledge）占46.4%；②管理角色（managing roles）占35.7%；③建议来源（mhirt of advice）占53.5%；④学习促进者（facilitator of learning）占64.2%；⑤分享角色（sharing roles）占17.8%；⑥关心角色（caring roles）占25%；⑦课堂气氛创造者（classn»om atmosphere creator）占14.2%；⑧评估者（evaluator）占10.7%；⑨勤奋工作示范者（example of behavior and haid work）占3.5%。通过以上数据，可以看出大部分英语教师认为，在英语课堂上，教师应扮演学习促进者、学习建议提供者的角色。（钟后泉，1999）

Barnes（1976）和Wright（1987）认为，教师应是促进者、帮助者、合作者、咨询者、顾问、提出建议者、无所不知者和提供资源者。Volley（1997）将教师角色归纳定位为促进者（facilitator）、咨询者（counselor）和提供资源者（resource）。Volley从专业和社会心理方面详细描述了教师的作用和特性。从专业方面来看，教师主要特点是：通过分析需求（语言和学习的需求）、目标（短期和长期的）、学习计划、选材和组织活动，帮助学习者计划并实施他们独立的语言学习，帮助学习者学会自我评价，帮助学习者为完成上述任务获得所需的技能和知识。从社会心理角度看教师应具备的特点是：促进者的特点（关心、帮助、耐心、宽容、同情、开放）；激发学习者的能力（鼓励赞扬、消解疑惑、帮助学习者克服困难、随时可以和学习者对话、避免操纵干预控制学习者）；帮助学习者提高自主学习意识的能力。

从国内和国外的对教师角色的研究看出，教师的角色与作用同以往的传统意义上的教师角色与作用不同，信息技术与课程整合对教师提出了更高的要求，整合中的教师从单一职责的知识传授者转变为一个集学习导引者、学习促进者、学习协作者、提供资源者和课堂管理者等多元角色于一身的教育者。（吴林富，2006）

（二）整合过程中教师角色定位出现的问题

1. 教师作为引导者、促进者出现的问题

在以学生为主体的教学结构中，一些对新型教学结构掌握不好的教师片面理解以学生为主体的自主性学习活动，而忽略教师的导引、协作角色作用，弱化了教师的作用，出现了学习主体绝对化倾向，教学管理弱化，重活动形式、轻活动效果等问题。

在整合的课堂上，学生是知识的主动建构者和运用者，教师则是引导者和帮助者，而自主性学习活动恰恰能体现以学生为主体的教学理念。但在实施这一教学活动时，教师作为导引者、促进者角色定位存在一些问题，过分强调师生分离，把所有的教学活动都交由学生自己完成，既没有师生间的互动，也没有教师的导引、监控，更谈不上帮助学生解决学习内容、学习策略方面遇到的困难和问题。教师把学生自主学习看成了学生自学，在学生学习过程中，教师没有指导、监测学生学习；在学生学习结束后，教师也不对学生学习效果进行检查，可以说教师的作用已经用计算机来代替了。（徐明成，2008）

其实自主学习不等同于学生的自学，自主不等同于自由，否则自主就成为无序的代名词了。课堂上对学生放任自流学习的现象恰恰说明了Thavenius所指出的问题，发展学生自主学习需要教师发挥更大的作用，而这是许多教师没有意识到的；教师的作用是计算机无法替代的，认为计算机可替代教师的说法也早已受到了批评，并且"计算机辅助英语教学资源与富有经验的教师相比是绝对有限的"。（Morrison，2005）

课堂上的自主学习要在教师指导（teacher guided）下进行，教师应在课堂上担负起指导、监控学生自主学习的责任，确切地说，学生进行的是指导性自主学习。Littler指出："自主不是自我指导的同义词；在教室环境下，自主并不是摒弃教师的责任。"White Wright认为学生在自主性学习或进行讨论、协作学习时，教师对学生活动不负责任是"专业性的不负责任"。"不负责任"并不意味着对学生放任不管，教师实际上是放松了对学生的控制程度。如果教师对学生的学习一味放松，那么学习程度不一、具备不同自主学习能力的学生对参与这类学习活动的认识和参与程度会出现较大差异，也会给学习活动形式，甚至学习内容带来不利影响，从而导致不同学习者学习效果的严重差异。课堂上，自主学习能力强、学习程度较好的学生会进行有效的学习甚至垄断交际活动；而自主学习能力差的学生因失去教师有效的、适当的控制，只是形式上进行了学习或自我放纵不学习。可见，课堂上"学生学习过程得到严密监控和细致指导是成功教学的标志之一"（ChaPelle，2001）

Littlewood认为在教师指导介入下的自主学习对东方学生可能更有效果，这说明了学生学习英语依赖教师指导的客观事实。众所周知，学生学习在一定程度上是有意识的控制行为，有意识的控制行为最终来源于学生的自觉意识，而学生学习的自觉意识要靠教师有意识地引导和培养，学生学习的盲目性、随意性要靠教师来帮助克服，学习中的困难也应由教师来帮助解决。因此，在整合中学生在学习方面被赋予自主性并不意味着教师变得多余了；相反，由于学生的学习自主性是一个需要培养、完善的动态发展过程，在不同学习阶段学生离不开教师对他们进步的肯定和不足的帮助，离不开教师的导引、促进和强化。

2. 教师作为意义建构协助者、学习资源提供者出现的问题

在过去的以教师为主体的教学结构中，教师是知识的传授者，是主动的施教者，是教学的绝对主导者。而在整合后的教学结构中，教师要对学生及其学习过程中的教学内容及教学媒体进行指导和把握；教师要根据学生的特点选择、设计特定的教学内容、教学媒体和交流方式呈现、提供给学生，因此，教师是学生意义建构的协作者、学习资源的提供者。

张海森等进行的实证研究，揭示了学生期待教师能够为他们创造一种良好的学习环境，这种环境包括为学生制定适当的学习目标、提供丰富的学习资源及能够使得自主学习在课后延伸下去的后续支援学习材料及学习活动等。

在实际的整合课堂上，作为意义建构协助者、提供资源者的教师在设计课堂教学任务时，对学生的实际水平估计过高或估计过低，所提供的学习内容难易度与学生实际水平不符，没有很好地控制学习任务的有效性。教师没有给予完成任务有困难的学生个体特别的指导，没有注意到学习个体的不同造成的学习差异，具体体现在练习和试题的设计没有层次和梯度的变化。（徐明成，2008）

根据Henson和Eller的"最近发展区理论"，知道最近发展区是指比儿童现有知识技能略高出一个层次、经他人协助后可达到的水平。依据这一理论，教师在设计学习任务时应考虑学生的实际水平和具体情况，设定合理的学习目标，不能太难也不可过易，过难容易使学生产生畏难情绪，放弃学习；过易则使学生学习没有动力，挫伤学生的学习积极性，同样不利于学生学习。学生依据自己的实际情况选择适合自己的学习任务，通过完成难度略高于自己实际水平的学习任务，达到学习目的，获得成就感，增强自信心，保持继续学习的热情，提高语言学习效果。

教师通过筛选后提供的资料应达到能控制课堂信息量、控制课程难度，体现如何认知策略、社交策略、情感策略、认知策略、记忆等策略的培养。（何克抗，2002）

教师作为意义建构协助者、学习资源提供者的角色不仅体现在整合课堂上，还应体现在整合课堂后的学生自主学习的后续活动中。在这方面也出现了一些问题，如教师提供教育资源时仅仅停留在以教师展示性为主，较少考虑研究性学习专题资源；课件或专题网页学习任务仅仅围绕课堂教学内容，没有提供拓展性的学习内容，没有提供适量的开放性文本资料，没有考虑学生的可持续性学习需求，不具备课外延伸性，没有为学生学习个性化发展所需语言技能提供充分生长空间，没有做到如Knowles所建议的"计算机应做教师不

能做的事以丰富学生的学习经验"。（Bork，1987）

信息技术与英语课程整合还处于探索研究阶段，教师角色与作用已发生了很大改变，如何使教师在整合中准确定位自己的角色、发挥自己应有的作用是每个教师在教学实践中要考虑的问题。只有在实践中不断探索、逐步完善信息技术与英语课程整合模式，才能使信息技术与英语学科教学整合得越来越科学、越来越有效，从而推动英语教学的良性发展。

二、英语信息化教学中的教师信息素养

以现代信息技术为支撑的大学英语教学模式已成为必然趋势。"硬件"的大量投资和"软件"的优化建设为英语信息化教学提供了丰富的物质资源，可是使这些软硬件资源充分发挥效能、促使英语课程和现代化网络技术有机整合的关键因素是教师，而大学英语教学教师的信息素养更是关键中的关键，是英语信息化教学"人件"建设的核心。

（一）教师在英语信息化教学改革中的关键作用

近年来，中国已经成为"英语教学的超级大国"。（尚玉昌，2003）面对庞大的学习群体，几十人的英语课堂仅靠一个教师教的局面已经不能满足需要，传统的英语教学模式已经力不从心。大学英语教学模式已经到了非改不可的关头。对于此，教育部提出要利用现代信息化手段与技术来改变人才培养模式，开展自主性学习、研究性学习，《大学英语课程教学要求》也提出要建立基于计算机和网络技术的大学英语教学新模式，大力改革大学公共英语教学。经过初步实践，众多的院校不仅已就深化计算机网络环境下英语教学的改革达成了共识，而且已经基本构建起了英语信息化教学所必备的硬件设施和软件资源。这些硬件和软件的投资确实在支持学习和教学方面发挥了很大的作用。可是，任何一个改革都不可能一蹴而就，大学英语网络教学的改革在新旧模式交替过程中也会出现一些问题。单从教师这个角度出发，突出的问题就表现在教师一方面受大学英语四六级考试压力的影响，对这种新的教学模式既无时间也无精力去深入探索，从而淡化英语信息化教学意识；另一方面受繁重的教学任务的制约，缺乏必要的多媒体网络技术知识，自然也就缺乏驾驭网络教学的能力，致使英语信息化教学收效甚微。

技术是教育中的工具性要素，技术只有为人所用才能转化为现实的教育"生产力"。脱离了人这一决定性要素谈改革，改革就是无本之木、无源之水。所以，"人件"建设的步伐不应滞后于硬件的投资和软件的开发。"人件"建设的重要性不亚于硬件和软件。"道路"（硬件）修好了，"车辆"（软件）也配置了，而要把"货物"（教学资源）运送到"客户"（学生）手中的"司机"（教师）是该过程中的决定性因素。"司机"的驾驶技术和货物装配组织能力是关键，另外司机的清醒意识也不可忽视。英语教师就是信息通信技术和英语学科有机整合之路的"司机"。司机必须具备根据货物的质和量，结合自己所拥有

的车辆的性能、道路的特点、客户的要求，成功、有效地完成货物运输过程。同样，教师也必须根据本学科、本课程的性质，结合自己学校实际能提供的硬件设施和软件资源，分析本校学生的学习需求，成功、有效地完成教学过程。而"人件"建设的核心不仅是技术管理员队伍建设，更重要的是网络英语教师队伍建设。因为大学英语教学改革是由英语教师进行的教学改革，不是计算机教师的教学改革。因此英语教师不可能置身事外，所以英语教师必须把计算机网络技术和课程有机整合，才能使资源物尽其用。（张文兰，2005）

另外，教师在现行大学英语教学改革中的关键作用是由教师在改革中的地位和角色所决定的。"在新教学模式中（教师、学生、教材及教学方法在现代信息技术环境下新的有效组合），教师仍起着一个主导作用"。（陈坚林，2004）这种主导作用体现在教师作为学习的引导者、设计者、促进者和管理者的角色中，即教师首先需要体验如何利用计算机网络的优势去获取新知识，从而引导学生利用这个过程构建自己的知识体系（引导者）；教师有了计算机和课程整合的教学体验后，就能利用计算机网络的优势，结合学生的学习特点设计和创造整个课程的学习环境（设计者）；同时根据自己的体验提供给学生一个资源丰富的学习环境，指导其下一步的学习活动，同时以问题激发学生思维，并为学生的学习活动过程提供示范或描述解决问题的步骤（促进者）。此外，教师还要协调解决在网络学习过程中出现的突发问题，完善教学过程（管理者）。（陈坚林，2008）由此看出，英语教师的这种主导作用要求教师首先必须更新教学理念、具备一定的信息能力，同时还要将这些新的教学理念和信息能力融入课程教学原则和教学艺术中。也就是说，在英语信息化教学模式的取向中，英语教师只有具备较高的信息素养，培养英语网络教学的驾驭能力，才能满足新教学模式的需要。教师的信息素养是英语信息化教学中"人件"建设关键的核心，是课程与技术整合的关键，是为时下进行的改革提供强有力的人力资源保障的关键，"是大学英语教学改革成功与否的关键，也是学科长远发展的关键"。（束定芳，2004）

鉴于网络英语教师的信息素养如此重要，那么大学网络英语教师的信息素养的内涵及其现状又如何呢？

（二）大学英语教师的信息素养内涵及现状

1. 大学英语老师的信息素养

"信息素养"这个名词是美国信息产业协会（ILA）主席 PaulZurkowski 于 1974 年提出来的。他认为信息素养是利用大量的信息及主要信息源使问题得到解答的技术和技能。1979 年美国信息产业协会将信息素养解释为：人们知道在解决问题时利用信息的技术和技能。美国信息专家 PaterieiaBreVier 认为：信息素养是一种了解信息系统并能鉴别信息的价值、选择获取信息的最佳渠道，掌握获取和存储信息的基本技能，如数据库、电子表格软件、文字处理等技能。美国图书馆协会把信息素养解释为，"具有信息素养的人，能够认识到何时需要信息，并拥有寻找、评价和有效利用所需信息的能力……"，从根本意义上可以说，具有信息素养的人是那些知道如何进行学习的人。他们知道如何学习，是因为他们知道知识是如何组织的，如何去寻找信息，并如何去利用信息，以至其他人可以向他们学习，他们已经为终身学习做好了准备"。（王守仁，2008）目前国内外有关信息素养这一概念尚无统一的、标准的定义。较为成熟科学的释义为：在各种信息交叉渗透、技术高度发展的社会中，人们所应具备的信息处理所需的实际技能和对信息进行筛选、鉴别和使用的能力。

综上所述，大学英语教师的信息素养应该包括信息意识（information awareness）、信息知识（information knowledge）、信息能力（information competence）、信息和课程整合能力（integration competence）及信息管理（information ethic，即信息安全和信息道德）这五个方面。

（1）信息意识

教师的信息意识是教师信息素养的一个重要内容，是人们在信息活动中产生的认识、观念和需求的总和。其指的是教师对信息的敏感度，这要求教师具有敏锐的感受力和持久的注意力，能够意识到信息的作用，对信息有积极的内在需求。教师在进行信息技术与课程整合时，只有敏感于信息，具备强烈的信息意识，才会积极主动地挖掘信息，搜集、利用信息，丰富自身的知识。它是教师丰富信息知识、提高信息能力、形成信息意向、完善信息素养的前提条件，同时更是教师进行信息技术与课程整合的前提条件。

（2）信息知识

信息知识是指与信息有关的理论知识和方法。信息知识是信息素养的重要组成部分。在信息时代，信息知识包括关于信息的基本知识。例如：信息的理论知识，对信息和信息化的性质、信息化社会及其对人类影响的认识和理解，信息的方法和原则等；还包括现代信息技术知识，如信息技术的原理、软硬件的知识、信息技术的作用及信息技术的发展和未来等。所有这些基本的信息知识，作为教师，都需要有一定程度的了解并且不断地学习。（钟志贤，2006）

（3）信息能力

信息能力是整个信息素养的核心，指的是教师对信息系统的使用以及获取、分析、加工、评价信息并创造新信息、传递信息的能力。教师应具备：①基本信息素养，即计算机基本技能，教师必须掌握Word文字处理、Excel电子表格及一些常用应用软件的安装和使用，并能熟练应用计算机处理学生考试成绩、编写测验试题等；②多媒体素养，信息时代为教学提供了丰富的媒体，为提高教育教学质量，教师应该根据不同的学科特点和教育对象，围绕教学目标、授课内容选择和使用不同的媒体，进而制作多媒体教学课件；③网络素养，网络时代的教师应具有网络基本知识和素养，教师应当掌握计算机网络的一般原理，学会利用网络搜索数据、传输文件和网络交互式教学，能利用电子邮件与同行或学生进行交流，利用电子公告牌或自己制作的网站（页）发布自己的认识和观点。（徐明成，2008）

（4）信息和课程整合能力

信息和课程整合能力是信息素养的目的，指的是教师根据课程特点，依据一定的教学原则，因地制宜、根据需要利用必要的媒体来设计符合教学实际的教学活动，完成教学任务，提高教学效果的能力。把信息技术和不同媒体优化组合，将信息技术有机融入学科教学过程，才能真正发挥信息技术的作用，从而提高教育教学质量。

（5）信息伦理

信息伦理指信息安全和信息道德两方面的内容。信息伦理把握教师信息素养的方向，指的是教师在获取、利用、加工和传播信息的过程中必须遵守一定的伦理规范，不得危害社会或侵犯他人的合法权益。同时，还要保护信息安全、防范计算机病毒和抵制计算机犯罪的常识。信息技术与课程整合背景下教师的信息道德特别指教师在信息技术与课程整合中要保证教学内容的科学性和对他人劳动成果的尊重及知识产权的保护。这是当前教师的信息道德中的重要内容。（赵建华，2006）

以上五个方面既相互独立又相互关联，一般来说，信息技能的提升是信息意识增强的结果，同时它又促进信息意识的增强，信息技能的提升通常有助于信息安全的发展，而信息安全意识的提高又必然促进信息技能的发展。

2. 大学英语教师信息素养存在的问题

目前大学英语教师信息素养存在以下问题：

（1）意识层面。通过调查发现，仍有半数以上教师对计算机网络技术应用于大学英语教学的重要性认识不足，认为这种教学模式的效果一般、可有可无或效果不好不应该大面积推广。笔者还通过和同行朋友网络聊天进一步了解到，这些教师有的持忧虑、怀疑甚至排斥的态度，担心大学英语网络教学全面铺开以后，机器会代替教师而面临失业，因而担心教师的作用会被削弱。抑或担心实施信息化教学模式稍有不慎就会影响四、六级考试通过率，责任重大。还有一些教师因自身的计算机能力较低而对信息技术与课程教学的整合缺乏信心，有的甚至产生"计算机恐惧症"。他们害怕由于自己的误操作而中断教学，或由于无法处理设备的软件故障而使其在学生面前尴尬难堪，所以常常对信息技术产生逆反心理。另外，将信息技术整合于课程教学所需的大量的时间和精力使不少教师对此不感兴趣。

（2）技术层面。目前大学英语教师中只有少部分人的计算机网络知识能完全满足英语信息化教学的需要，而大部分教师的计算机网络技术需要提高，所以英语信息化教学人才的缺乏制约了英语信息化教学的普及和多层次、多形式、多规格的发展。

（3）英语信息化教学法理论知识层面。只有极少数教师在英语信息化教学中能根据课程的需要，就已获取的信息进行整合分析后合理地设计教学方案和任务，而能有效地管理学生学习过程、对学生的网上学习行为进行合理评价和分析。也就是说，大部分的教师对教学过程中如何有效利用信息技术来进行课堂教学整体设计的能力还是很欠缺的。由此看出，大部分教师的英语信息化教学法知识很欠缺，需要系统地学习技术和课程有效整合的理论知识。通过网络聊天还进一步了解到，虽说许多教师都参加过学校组织的计算机技术培训，但也只局限于计算机基本操作能力，对计算机用于教学方面的知识却少有涉及。另外许多教师反映，在新的教学模式下，原有的课程教学原则、教学方案设计理论等都需要做一些调整和变化，可是如何调整才能使信息技术为课程服务确实是摆在许多英语教师面前的难题。

目前大学英语教师的信息素养仍然是大学英语信息化教学有效开展的瓶颈。在信息技术日益与教学融合的今天，教师个人必须注重自身信息素养的提高，才能提高自身的专业能力。教育行政管理部门在推行大学英语信息化教学的过程中，也应该采取各种各样的措施来加强教师的师资队伍建设。

（三）大学英语教师信息素养的培养

1. 顺应新环境、更新观念、增强教师信息意识

要突破高校英语信息化教学，观念更新比教学设备更新更重要。改变传统的思想观念是培养教师信息素养的基础和关键。所以，提高大学英语教师的信息化教学技术能力，首先要使广大教师从思想上认识到提高自身信息素质的重要性、紧迫性和责任感，能自觉、主动地加强学习与实践，不断提高自己认识、掌握并创新地将信息技术运用于语言教学的能力。（庄智象，2004）

2. 积极进行师资培训、帮助教师提高信息能力

人才缺乏制约了网络英语教学的普及和多层次、多形式、多规格的发展。目前网络英语信息化教学的人才大致有两类：一是技术专家；二是语言专家。懂技术的语言不过关，懂语言的技术不过关。一个真正的英语信息化教学专家应当是网络技术专家和语言专家，而且首先应当是语言专家。所以，大学英语信息化教学首先要解决的是英语人才的技术问题，而不是计算机人才的英语问题。因此要通过有效的培训提高英语教师的信息能力。

（1）要加强在职教师信息素养的继续教育。学校要通过有效的师资培训方案的实施，帮助现有的高校英语教师掌握信息技术的应用技能，使他们成为运用现代教育信息技术辅助英语教学的主力军，使高校英语课堂教学成为网络教学的主战场，使广大学生成为网络教学的最大受益者。由于教师本身要从事教育教学工作，不可能有太多的专门时间来培训信息素质，因此在对教师进行信息素质的培养时应坚持以在岗学习、业余学习为主。与此同时，学校还应该组织专门的在职培训，组织骨干教师到有条件的高等学校进行短期培训，借助学校的计算机中心组织教师进行校内信息素养培训活动，包括学校利用寒暑假或双休日组织的信息技术培训、信息技术与课程整合的教学观摩或教学研究等。教师也可以通过网络、阅读等途径进行信息技术相关知识的学习，自我提高信息素养。

（2）做好新教师现代信息技术教育的培训。随着学校规模的扩大和学生人数的增加，对新教师的需求量也相应增大。师范院校及英语院校也可调整目前的课程设置和教学内容，开设相关课程，使这部分人走向教师岗位后能以点带面，带动整个教师队伍的信息能力。

（3）建立相应的评价和管理模式。学校可以建立相应的信息化教学的评价和激励机制，提高教师在教学中使用新技术的积极性。对在教学中积极采用现代信息技术的教师给予奖励。同时，把信息能力作为教师考核的一项内容，或者举行课程信息化技术比赛、课件制作比赛，采用优秀课堂评奖等形式，增加教师的参与意识，从而提高教师的信息能力。（钟丞贤，1999）

3.加强英语信息化教学的理论与实践探索、提高教师的技术和课程整合能力

教师要积极地探索信息化背景下的英语教学设计、教学模式、教学管理模式、教学评估体系、学习模式与评价等。应当看到，技术本身并不是解决一切英语教学问题的万能药。

信息技术只能成为解决问题的部分答案，它无法替代教学艺术，要使它们发挥最大潜力，关键还在于教师是否能够根据教育原则做出正确的决策。教师要遵从语言学习理论和教育学原则，恰如其分地运用技术，方可优化课堂教学，提高的学生学习效率。

在信息技术与课程教学整合方面，教师应明确信息技术在语言教学中的优越性和局限性，不能"唯网至上"。要合理地设计教学活动，有效地实施教学方案，将信息技术灵活多样地整合于教学活动，促进学生的研究性、创造性和自主性学习活动，并且有效管理基于信息技术环境下的学习活动，还能利用信息技术，通过多种测评系统收集、分析、解释和管理数据，对信息技术环境下的教学过程和学习活动进行有效、合理的评价。（赵建华，2006）

目前许多学校对教师进行的现代教育技术培训主要侧重于计算机技术本身，认为教师只要掌握了计算机技术，便能自然而然地将其运用于语言教学中。而实践证明，这是一种错误的假设。真正科学的培训强调信息技术与教学实际相结合，突出信息技术的教育应用，培训重点是技术在课程和教学中的整合，而不是技术本身。（钟启泉，1999）所以师资培训机构或语言教育研究机构也可开展一些网络英语教学法的研讨，侧重培训教师应用计算机进行课堂教学的能力，而不单单培训教师的计算机技能，

随着信息化时代的到来，网络技术、多媒体技术为高教领域带来一场新的革命，使获取信息、处理信息、传播信息能力成为21世纪高校教师的必备能力。高校教师正面临着深层次的改革：更新教育观念，提高教育技术，探索新的教学模式，提高教学效率和效益。这就要求高校教师尽快从传统教学模式中走出来，而大学英语教学改革实际上是对教师的教学意识和素质的改革，只有具备了一支高素质的教师队伍，才谈得上建立教学模式，去实践、去交流、去推广，才能让教学改革向纵深发展，使学生成为最大的受益者。硬件建设的步伐应该先于硬件和软件建设，有"路"无"车"、有"车"无"货"、有"车"有"路"无"司机"都会造成资源的大量浪费。英语教师队伍是网络教学改革中人件建设的核心内容，教师的信息素养是将信息技术充分有效地融入课程教学原则之中、推动教学改革纵深发展的关键。教师主观意识的转变和客观培训条件的创造都是至关重要的。作为教师只有在教育观念上跟上时代的发展、在教学过程中明确自己的职责、在教育发展中加强自身信息素养的提高和发展，才能成为具备较高信息素养的现代化学者型教师。（钟肩泉，1999）

参考文献

[1] 张学新. 对分课堂：大学课堂教学改革的新探索 [J]. 复旦教育论坛，2014，12（5）：5-10.

[2] 汪军，严晓球. 近十年来国内大学英语大班教学研究综述 [J]. 教育学术月刊，2011，（11）.

[3] 杨淑萍，王德伟，张丽杰. 对分课堂教学模式及其师生角色分析 [J]. 辽宁师范大学学报（社会科学版），2015，（9）.

[4] 张博雅. 对分课堂：大学英语课堂教学改革的新思路 [J]. 科学与财富，2015，（12）：803.

[5] 柴霞. 基于"对分课堂"的大学英语教学实践与反思 [J]. 曲阜师范大学公共外语教学部，2016，（6）.

[6] 谷陟云. 罗杰斯的人本主义教育观及其启示 [J]. 现代教育科学，2009，（10）.

[7] 陈爱梅. 人本主义学习理论及对外语教学的启示 [J]. 辽宁师范大学学报，2003，（3）.

[8] 王健芳. 外语教学改革与实践 [M]. 南京：南京大学出版社，2016.

[9] 孙立伟. 对数字化教学资源建设的思考 [J]. 新西部，2007，（12）.

[10] 杜振华. 英语资源服务器及网络语音室的安全管理与实践 [J]. 中国科教创新导刊，2008，（1）.

[11] 李建萍. 分级教学背景下大学生英语词汇学习策略的调查和分析 [J]. 黄山学院学报，2009（8）：99.

[12] 汤闻励. 非英语专业大学生英语学习"动机缺失"研究分析 [J]. 外语研究，2012（1）：70-75.

[13] 李艳，韩文静. 孔子因材施教的教育思想简述 [J]. 吉林教育学院学报，2008（4）：39.

[14] 刘英爽. 国际化背景下大学英语跨文化教育的瓶颈和转型趋势 [J]. 教育评论，2016（7）：115-117.

[15] 王汉英，胡艳红，徐锦芬. 美国康奈尔大学外语教学观察与思考 [J]. 教育评论，2015（7）：165.

[16] 秦秀白，张凤春. 综合教程3：学生用书 [M]. 上海：上海外语教育出版社，2014.

[17] 王允庆，孙宏安. 高效提问 [M]. 高等教育出版社，2016.

[18] 赵周，李真，丘恩华. 提问力 [M]. 北京：电子工业出版社，2018.

[19] 陈帅. 大学英语修辞教学探析 [J]. 湖北经济学院学报，2013（9）：203-205.

[20] 王涛. 大学英语教学中英语修辞格的赏析 [J]. 英语广场，2013（10）：97-99.

[21] 夏俊萍. 浅析大学英语教学中学生修辞鉴赏能力的培养 [J]. 吉林工程技术师范学院学报，2014（10）：68-70.

[22] 张红. 浅谈英语教学中常见的修辞 [J]. 教师，2015（11）：47-48.